建党百年献礼——西南大学经济管理学院"双一流"建设学术专著

国家社科基金重大项目（18ZDA121）；国家社科基金一般项目（20BZZ062）；
贵州省"研究阐释习近平总书记视察贵州重要讲话精神重大专项课题（21GZZB06）；
2020年度西南大学继续教育研究项目（SWU2008019）；
教育部高等教育司2020年第一批产学合作协同育人项目(202002322001);
西南大学经济管理学院"百年梦·学科建设"专项出版项目

战略导向下多元化企业业务单元业绩评价研究

宫义飞 袁箐锟 吴国灿 夏雪花 ◎ 著

西南师范大学出版社
国家一级出版社 全国百佳图书出版单位

图书在版编目(CIP)数据

战略导向下多元化企业业务单元业绩评价研究/宫义飞等著. -- 重庆：西南师范大学出版社，2021.6
ISBN 978-7-5697-0845-5

Ⅰ.①战… Ⅱ.①宫… Ⅲ.①企业管理-业务管理 Ⅳ.①F274

中国版本图书馆CIP数据核字(2021)第096911号

战略导向下多元化企业业务单元业绩评价研究

ZHANLÜE DAOXIANG XIA DUOYUANHUA QIYE YEWU DANYUAN YEJI PINGJIA YANJIU

宫义飞　袁箐锱　吴国灿　夏雪花　著

责任编辑：李炎
责任校对：周明琼
装帧设计：观止堂_未　氓
出版发行：西南师范大学出版社
　　　　　　重庆·北碚　　邮编：400715
印　　刷：重庆市美尚印务有限公司
幅面尺寸：185mm×260mm
印　　张：9.25
字　　数：186千字
版　　次：2021年6月第1版
印　　次：2021年6月第1次
书　　号：ISBN 978-7-5697-0845-5
定　　价：39.00元

建党百年献礼

——西南大学经济管理学院"双一流"建设学术专著

编 委 会

主 任

祝志勇

副主任

高远东　王定祥

工作秘书

刘建新

成 员

刘自敏　王图展　毕　茜　刘新智
张应良　李海明　罗超平

前言

20世纪80年代以来,企业经营环境和管理方式发生了重大变化,传统基于财务指标的业绩评价体系的局限性日益显现出来。为此,学术界和实务界越来越多地致力于新业绩评价指标的开发。20世纪90年代关于业绩评价改进的探索主要有两种思路,第一种是采用经济增加值(EVA)等反映经济收益的财务指标,第二种是在财务指标的基础上,增加具有前瞻性的、反映核心竞争力的非财务指标。经济增加值指标能够揭示企业创造价值增值和股东财富的能力,但仍然不能克服财务指标本身的缺陷。卡普兰和诺顿于1992年提出的平衡计分卡(BSC),提倡财务指标与非财务指标的结合和多重业绩评价指标的使用,从财务、顾客、内部流程、学习与成长四个各有侧重又相互联系的方面,全面评价企业经营业绩,较好地克服了传统业绩评价的不足。同时,它将企业的战略目标转化为一套具体的业绩评价指标,有助于所有部门和员工更好地理解和执行经营战略。因此,平衡计分卡不仅是一种全面的业绩评价体系,还是一个有效的战略管理工具。平衡计分卡自提出以来,已经在越来越多的企业中得到了广泛应用。

第二次世界大战以后,世界各国企业规模急剧扩大,形成了很多实行多元化经营和跨国经营的大公司和企业集团,基于事业部制的分权管理成为多元化企业管理内部组织的主要形式。分权管理赋予各业务单元管理人员根据产品和市场特点进行决策的自主权,大大提高了市场响应速度和决策有效性,并能充分调动管理人员的积极性和创造力。但分权管理也加剧了上下级管理人员之间的信息不对称,使委托代理问题更加突出。全面、正确地评价业务单元的经营业绩,是促进业务单元采取与企业整体利益一致的决策和行为、降低代理成本的重要手段。

当前学术界关于绩效评价的理论研究,基本上是针对企业整体和员工个人两个层次,而忽视了对业务单元业绩评价的研究。仅有整体业绩评价而不考察业务单元在战略执行方面的成绩与问题,无法从根本上实现战略目标、提高经营业绩;同样,员工个人绩效评价只有与业务单元业绩评价结合起来,才能促使全体员工清楚地了解企业和业务单元的战略目标和要求,采取符合企业整体利益的行动。因此,多元化企业对业务单元进行业绩评价具有重要意义,它在企业整体业绩评价和员工绩效评价之间起到了桥梁作用。

多元化企业由不同的业务单元组成,这些业务单元经营不同的产品或服务,在不同的行业和市场领域进行竞争,面临不同的市场机会和风险,因此需要在企业总体战略的框架内制定自己的经营战略。相应地,对业务单元进行业绩评价时,不仅要考虑与企业总体战略的协同,还应当结合业务单元自身的经营战略。平衡计分卡是基于战略的业务单元业绩评价体系的基本框架。在多元化企业中,除了制定企业层面的平衡计分卡,每个业务单元还必须开发出一套适合其自身特点的平衡计分卡。

近年我国学术界关于企业整体业绩评价理论与方法的研究众多,但很少有研究涉及战略导向的业务单元业绩评价,有关多重业绩指标应用和提供经验证据的研究,则更是寥寥无几。这些与多重业绩指标应用相关的重要问题包括:基于战略的业务单元业绩评价指标设计和选择;业务单元经营战略对业绩评价指标使用的影响,以及业绩指标使用对经营业绩的影响;非财务指标与未来财务业绩的价值相关性,以及情景变量对这一关系的调节作用;公司高管在评价多个业务单元业绩时的认知偏差及其解决措施。在国外,近几年针对上述问题的实证研究已经成为管理会计研究的热点,并取得了丰富的研究成果。但这些研究由于研究视角、方法和对象的不同,得出的结论也不完全一致。同时,这些研究几乎都是以西方国家为背景,极少有针对中国企业的相关研究,其研究结论是否适用于中国企业还有待验证。正是基于这一考虑,本书综合运用多种研究方法和数据来源,对上述基于战略的业务单元业绩评价中多重业绩指标应用相关问题进行深入的分析和研究,并提供相应的经验证据。本书研究具有较强的理论与现实意义。

本书研究内容包括七章。除了第一章导论外,第二章和第三章的论述旨在形成本书的研究主题——基于战略的业务单元业绩评价。第四到第七章则以多重业绩指标应用为视角,对以平衡计分卡为基本框架、以战略为导向的业务单元业绩评价中与多重业绩指标应用相关的四个问题进行了研究。

本书研究的创新点主要体现在以下几个方面:

第一,本书详细阐述了多元化企业中业绩评价的层次性,业务单元业绩评价对解决分权管理代理问题的作用,业务单元业绩评价的意义和现状,并构建了基于战略的业务单元业绩评价体系。同时,对基于战略的业务单元业绩评价指标的设计和选择问题进行了深入探讨。

第二,关于业务单元战略、业绩指标使用和财务业绩相关性的实证研究,本书运用问卷调查获得中国制造企业数据,提供了这方面研究的经验证据。本书以单一经营企业和业务单元为样本,在测度成本领先或差异化战略类型和战略强调程度的基础上,检验战略选择与业绩指标使用,以及业绩指标使用与财务业绩之间的相关关系。

第三,关于顾客满意度与未来财务业绩的价值相关性研究,本书提供了这方面研究的中国背景证据,在国内首次使用中国顾客满意度指数检验非财务指标与财务业绩之间的价值相关性。本书使用6个财务指标反映业务单元和多元化企业的财务业绩,并且引入产品竞争程度这一调节变量,分析其对满意度和财务业绩关系的影响。

第四,关于多业务单元业绩评价中公司高管认知偏差的研究,本书开展实验研究证实共性指标偏好在中国管理人员中间同样存在,并且提出了两种切实可行的、减轻认知偏差的措施并证明具有显著效果,这对于充分发挥平衡计分卡的全面业绩评价和战略管理功能,具有较高的理论和实践意义。

目录

第一章 导论 ………………………………………………001
 第一节 研究背景与意义 ………………………………001
 第二节 研究内容与篇章结构安排 ……………………005
 第三节 研究方法 ………………………………………007
 第四节 研究创新点 ……………………………………008

第二章 企业经营环境转变与业绩评价体系改进 …………011
 第一节 业绩评价的含义、功能与理论基础 …………011
 第二节 传统经营业绩评价体系的基本特点与不足 …020
 第三节 企业经营业绩评价的改进与创新 ……………024
 第四节 平衡计分卡业绩评价模式的基本内容、优点和不足 …027

第三章 多元化经营、分权管理与业务单元业绩评价 ……033
 第一节 多元化经营与分权管理 ………………………033
 第二节 分权管理引发的管理控制问题 ………………037
 第三节 企业经营业绩评价的层次性 …………………039
 第四节 业务单元业绩评价：现状和意义 ……………045
 第五节 业务单元业绩评价与战略的结合 ……………047

第四章 基于战略的业务单元业绩评价指标设计 …………051
 第一节 基于战略的业绩指标体系设计原则 …………051

第二节　业务单元的战略分类 …………………………………………053
　　第三节　基于战略的业务单元业绩评价指标体系设计 …………………060
　　第四节　业务单元业绩评价指标选择的其他权变因素 …………………066

第五章　业务单元战略、业绩指标使用与财务业绩相关性的实证研究 ………071
　　第一节　引言 ………………………………………………………………071
　　第二节　文献综述和假设提出 ……………………………………………073
　　第三节　研究方法 …………………………………………………………078
　　第四节　模型设定和假设检验 ……………………………………………086
　　第五节　研究结论与局限性 ………………………………………………090

第六章　顾客满意度与财务业绩的相关性研究——产品竞争程度的调节作用 …093
　　第一节　研究背景 …………………………………………………………093
　　第二节　文献综述与假设提出 ……………………………………………095
　　第三节　样本选择 …………………………………………………………101
　　第四节　变量定义和测度顾客满意度 ……………………………………102
　　第五节　结果分析与假设检验 ……………………………………………106
　　第六节　研究结论与局限性 ………………………………………………112

第七章　多业务单元业绩评价中公司高管认知偏差研究——平衡计分卡实验研究的
　　　　　证据 ………………………………………………………………………113
　　第一节　研究背景 …………………………………………………………113
　　第二节　文献综述与假设提出 ……………………………………………115
　　第三节　实验设计 …………………………………………………………121
　　第四节　结果分析与假设检验 ……………………………………………126
　　第五节　研究结论与局限性 ………………………………………………129

主要参考文献 ………………………………………………………………………131
附录　制造企业经营战略、业绩指标使用与业绩情况调查表 …………………135

第一章 导论

第一节 研究背景与意义

本书的研究背景包括三个方面,构成了本书主题的三个研究视角或切入点。第一个方面是企业经营环境与管理方式的变化推动了企业经营业绩评价体系的改进和平衡计分卡业绩评价模式的提出,进而阐述平衡计分卡的基本理论,这是业绩评价的方法应用视角;第二个方面是多元化经营与分权管理使得对业务单元进行业绩评价成为必要,这是业绩评价的组织层级视角或评价客体视角;第三个方面是业务单元业绩评价体系的构建和实施必须为企业战略执行和控制服务,这是业绩评价的管理哲学视角。

企业经营战略的有效实施离不开管理控制系统的有力支持。业绩评价体系是企业管理控制系统的重要组成部分,它对于引导所有部门和员工采取企业所期望的决策和行为、实现企业经营目标,起着关键的作用。管理学大师彼得·德鲁克说过:"你评价什么,你就得到什么。"传统上,企业主要运用财务业绩指标达到该目的。但是20世纪90年代以来,企业的经营环境发生了巨大变化,主要表现为:经济全球化进一步发展和科学技术的广泛应用,使得企业之间的竞争日益加剧;消费者需求日益多样化、个性化,市场形势瞬息万变,企业经营的不确定性大大增加;全面质量管理、适时生产制度、弹性制造系统、计算机集成制造系统等先进的生产制造与管理方式逐步引入企业并得到广泛应用;知识产权等无形资产和商誉在企业的重要性日益提高,员工的知识技能、管理水平、积极性和创造力成为企业获得竞争优势的决定性因素。企业要在激烈的市场竞争中生存、发展和获利,就必须形成和保持自己的核心竞争力,通过制定合理的战略目标,关注市场需求变化并及时做出响应,加强新产品开发、技术与管理创新、人力资源管理、市场开拓,提高产品与企业声誉,在为顾客创造最大化价值、协调企业相关各方利益的同时实现企业经营目标。相应地,业绩评价系统也应着眼于为企业核心竞争力的形成、竞争优势的获得、经营战略的有效实施提供支持和保证。传统的基于财务指标的业绩评价体系,由于存在短视、滞后、重结果轻过程、易受会计政策和人为操纵影响、忽视外部环境、不能解释业绩动因等不足,显然无法胜任这一重任。鉴于此,学术界和实务界越来越多地致力于传统业绩评价体系的改进,20世纪90年代关于业绩指标创新主要有两种思路,一是设计更接近于经济现实并能反映企业未来价值创造的指标,如经济增加值(EVA),二是在财务指标的基础上,增加具有前瞻性的、反映企业长期核心竞争能力的非财务指标,如德鲁克的"以改革为中心"的观点、霍尔的"四尺度"论、克罗斯和林奇的业绩金字塔模型、卡普兰和诺顿的平衡计分卡,其中最有代表性、影响最大、应用最广泛的是平衡计分卡。经济增加值指标能够揭示企业创造价值增值和股东财富的能力,因此明显优于传统财务指标,但依旧不能克服财务指标本身的缺陷。

卡普兰和诺顿于1992年提出的平衡计分卡,提倡财务指标与非财务指标的融合和多重业绩评价指标的使用,从财务、顾客、内部流程、学习与成长四个各有侧重又相互联系、互为因果的方面,全面、完整地评价企业的经营业绩。非财务指标能够提供未来财务业绩的先导性信息,有助于解释业绩动因和分清经济责任,使用定性与定量信息适时跟踪和全面反映生产经营活动的过程和结果,同时关注企业内外部经营环境和企业相关各方的利益协调,因此可以更好地满足管理人员掌握关于时间、质量、成本、创新、组织、服务等方面的信息并及时监控的需要。作为一种综合业绩评价方法,平衡计分卡的优势主要体现在以下方面:首先,它实现了财务指标与非财务指标的有机结合;第二,它始终把战略置于中心地位,将企业战略目标转化为一套相互联系的、分阶段的、具体的、可测度的业绩评价指标,使战略更容易为管理人员和全体员工理解和执行,保证经营战略的有效实施;第三,它强调多种评价目标与业绩指标之间的联系、统一和平衡;第四,平衡计分卡注重各种利益关系的协调,克服了传统业绩评价股东至上和短期利益导向的狭隘性。

第二次世界大战以后,随着科学技术的迅速发展和广泛应用,公司股份制形式和资本市场的不断完善,世界经济一体化以及资本在全球范围自由流动和进一步集中,世界各国企业规模急剧扩大,形成了很多实行多元化经营和跨国经营的大公司和企业集团。企业实施多元化战略,一方面可以分散经营风险、提高盈利能力和市场竞争能力,但另一方面,进入新的行业或市场领域使得企业经营活动和管理控制变得更为复杂和困难。在这种情况下,公司管理层为了有效地监控、管理庞大的经济组织,通常采用基于事业部制的分权管理代替原来直线职能式的集权管理。分权管理赋予各业务单元(事业部、子公司或分公司)管理人员结合其产品和市场特点进行决策的自主权,大大提高了业务单元响应市场变化的速度和经营决策的有效性,并能充分调动管理人员的积极性、主动性和创造力。但与此同时,分权管理也加剧了上下级管理人员之间的信息不对称,使得委托代理问题更加突出。全面、正确地评价业务单元的经营业绩,是促进业务单元决策目标与企业整体利益相一致、降低代理成本、实现企业战略目标的重要手段。因此,对业务单元业绩评价进行研究,具有较高的理论和实践意义。

当前学术界关于绩效评价的理论研究,基本上是针对企业整体和员工个人两个层次,而忽视了对业务单元业绩评价的研究。对企业整体业绩评价的关注,是与股份公司的进一步发展、资本市场的日益完善,以及企业利益相关者理念的兴起密不可分的,而相比之下,会计学术研究偏好和获取内部管理数据的难度制约了业务单元业绩评价研究的发展。但是,仅仅对企业整体进行业绩评价,就不能具体考察各个业务单元在战略执行方面取得的成绩、存在的问题和不足,也无法判断企业整体战略的制定是否合理,使得企业无法从根本上提高经营业绩、实现战略目标;同时,仅对员工个人绩效评价而没有对包括业务单元在内的组织部门的业绩评价,也是不够的。由于没有将员工绩效评价与内部组织部门的战略、任务和目标结合起来,对员工进行绩效评价就会缺乏整体观、凝聚力、指导性和协调性,无法避免员工为追求个人绩效而损害业务单元及企业整体利益的行为,以及员工之间的矛盾和冲突。多元化企业对业务单元实行业绩评价具有重要意义,它在企业整体业绩评价和员工业绩评价之间起到了桥梁作用。企业经营战略制定以后,必须分解和落实到各个业务单元,只有当业务单元都完成自己的目标时,才能实现企业的战略目标。业务单元业绩评价是提升企业整体绩效的有力措施。同时,业务单元业绩评价也是向所有部门和员工传递企业及业务单元战略目标的过程,促使全体员工清楚地了解企业和业务单元的期望和要求,采取与企业及业务单元目标一致的行动。

本书中的业务单元,是指在实行分权管理的多元化企业中,具有较高的经营决策自主权、实行相对独立核算的子公司、分公司、事业部和战略经营单位。业务单元直接面向市场和消费者,经营某一方面或地域的产品和服务,具有几乎全部的生产经营功能,以及完整的职能组织与管理队伍。对业务单元实行业绩评价的传统做法是建立责任会计系统,将业务单元划分为利润中心,采用利润指标评价其经营业绩。这种基于单一财务指标的业绩评价方法无法反映业务单元全面发展的要求,没有将业绩评价与公司整体战略目标衔接起来,容易造成业务单元的短期行为和利益冲突。为此,应该将责任会计的思想方法全面转变为以战略为导向的业绩评价与管理,在明确公司总体战略目标和业务单元竞争战略的基础上,运用多重业绩指标从多个方面全面衡量业务单元经营业绩,并将业绩评价与报酬激励结合起来。

多元化企业由不同的业务单元组成,这些业务单元经营不同的产品或服务,在不同的行业和市场领域进行竞争,拥有不同的客户,面临不同的市场机会和威胁,因此需要在企业总体经营战略的框架内制定业务单元自己的经营战略。相应地,对业务单元进行业绩评价时,不仅要考虑与企业总体战略的协同和统一,还应当结合业务单元自身的经营特点和战略目标。平衡计分卡是基于战略的业务单元业绩评价体系的基本框架,它将公司和业务单元的经营战略转化为一系列明确的、具体的、可操作的业绩评价指标,促进战略得到有效执行。因此在多元化企业中,除了制定公司层面的平衡计分卡,每个业务单元还必须开发出一套适合其自身特点的、量身定做的平衡计分卡,使用反映其战略特点和要求的业绩评价指标。

目前我国学术界关于业绩评价基本理论与方法、基于战略的企业经营业绩评价体系、国外先进的业绩评价理论与实践等方面的研究相当众多,近年以具体某一行业或企业为对象研究如何实施和应用平衡计分卡体系的成果也逐渐增多,但这些业绩评价研究基本上是针对企业整体层面和员工个人层面的,很少有研究关注多元化企业中业务单元层面、以战略为导向的业绩评价体系的构建,涉及以平衡计分卡为基本框架、使用多重业绩指标评价业务单元业绩的应用问题和提供相关经验证据的研究,则更是屈指可数。正是这一研究现状促成了本书的选题动机和研究方向。构成本书研究主题、关于业务单元业绩评价中多重业绩指标使用的具体问题主要包括以下方面:基于战略的业务单元业绩评价指标设计和选择;业务单元竞争战略选择如何影响业绩评价指标的使用,以及业绩指标使用的多样化程度及其与战略的匹配如何影响财务业绩;以顾客满意度为例,研究非财务指标与财务业绩之间是否存在价值相关性,以及产品竞争程度是否在顾客满意度与财务业绩之间的关系中起着调节作用;多元化公司高级管理人员评价多个业务单元业绩时的认知偏差及其缓解措施。在国外,近几年针对上述问题的实证研究已经成为管理会计研究的热点,并且采用档案式研究、实验研究、实地研究等多种研究方法进行广泛而深入的研究和分析,为业绩评价理论发展和实务应用提供了很好的启示。但这些研究由于研究视角、所使用的研究方法和数据来源有所不同,得出的结论也并不一致甚至相互矛盾。同时,这些研究几乎全部都是以西方国家为背景展开的,极少有针对中国企业的相关研究,因而这些研究结论是否适用于中国企业还有待验证。这不仅为本书的研究提供了广阔的空间,也使得本书的研究问题具有较强的理论意义和实践应用价值,能够为我国企业改进内部管理业绩评价、加强战略执行与控制提供有益的启示和指导。正是基于这一考虑,笔者在充分阅读和梳理业绩评价相关文献的基础上,综合运用实验、问卷调查、中介机构、专业数据库等多种信息收集方法,以及归纳分析、演绎推理、档案式研究、实验研究等多种研究方法,对运用多重业绩指标评价业绩单元经营业绩过程中的上述相关问题进行了深入的研究,探究这些问题重要方面的相互关系、内在规律和改进措施。

第二节 研究内容与篇章结构安排

本书包括七个板块的内容,分别构成了本书的第1—7章,篇章结构安排如下:

第一章导论。该部分阐述选题的背景、动机和本书研究的意义,研究内容、篇章安排和研究思路框架,所采用的研究方法,研究的创新点与局限性。

第二章企业经营环境转变与业绩评价体系改进。该部分首先阐述了业绩评价的基本含义、功能和理论基础,接着在分析企业经营环境和管理方式和传统经营业绩评价体系的基本特点与不足的基础上,阐述20世纪90年代以来企业经营业绩评价的改进思路和重要创新成果,并着重介绍了平衡计分卡业绩评价模式的基本理论、优越性和不足。

第三章多元化经营、分权管理与业务单元业绩评价。该部分阐述企业多元化经营和分权管理组织形式,分权管理引发的委托代理问题以及业绩评价在解决代理问题中的作用,企业经营业绩评价的层次性以及多层次业绩评价体系的构建,业务单元业绩评价的现状和意义,以及基于战略的业务单元业绩评价体系的构建。

第四章基于战略的业务单元业绩评价指标设计。该部分主要阐述基于战略的业绩指标体系设计原则,业务单元的战略分类,并以平衡计分卡指标体系为基本框架,阐述如何适应不同战略类型设计和选择业务单元业绩评价指标,最后介绍了影响业务单元业绩指标选择的其他权变因素。

第五章业务单元竞争战略、业绩指标使用与财务业绩相关性的实证研究。该部分研究业务单元的竞争战略(成本领先和差异化)及其强调程度对业绩评价指标使用程度的影响,以及业绩指标使用的多样化程度及其与战略的匹配程度对业务单元财务业绩的影响。该章的前言部分阐述研究背景和意义,接着是文献综述和假设提出、研究方法、模型设定和假设检验,最后是研究结论与局限性。

第六章顾客满意度与财务业绩的相关性研究——产品竞争程度的调节作用。该部分旨在研究非财务业绩指标与未来财务业绩的价值相关性,以及情景因素对它们之间关系的影响。该研究以权威的专业调研机构公布的中国顾客满意度(CCSI)为自变量,检验产品的顾客满意度是否与该产品的销售额、销售额增长率、销售毛利率,以及该产品生产企业的总资产报酬率、净资产收益率和扣除非经常性损益的总资产报酬率存在显著的正相关关系,以及产品竞争程度是否调节了顾客满意度与财务业绩之间的关系。该部分内容包括研究背景、文献综述与假设提出、样本选择、变量定义和测度、结果分析与假设检验、研究结论与局限性。

第七章多业务单元业绩评价中公司高管认知偏差研究——平衡计分卡实验研究的证据。以往研究发现公司高管在运用分部平衡计分卡对多个业务单元进行业绩评价时通常存在着共性指标偏好,即赋予多个业务单元平衡计分卡之间共性指标赋予过高的权重,而忽视对独特性指标信息的使用。该部分在分析和阐述共性指标偏好的存在性、表现特征、潜在危害、形成原因,评价和借鉴已有文献关于如何减轻共性指标偏好的研究的优点和不足的基础上,提出两种减轻认知偏差的措施,即改进战略表述以增进评价者对业务单元战略和独特指标的理解,以及运用分解评价方式并要求证明评价合理性,激发评价者的认知努力。本书开展了一项实验研究偏好在中国管理人员中间是否同样存在,本书提出两种结果是否确实能够增加管理人员在业绩评价中对独特性信息的使用,从而显著降低共性指标和独特性指标的权重赋值差异。该部分内容包括研究背景、文献综述与假设提出、实验设计、结果分析与假设检验、研究结论与局限性。

七章内容之间并不是相互孤立的,而是存在一定的关联,构成一个完整的体系。其中,第二章和第三章探讨业绩评价体系的改进和平衡计分卡框架、分权管理与业务单元业绩评价的必要性,以及业务单元业绩评价与经营战略的融合,最终形成了本书的研究主题——基于战略的业务单元业绩评价。第四至七章基于多重业绩指标应用的视角,研究运用多重业绩指标评价业务单元经营业绩中的相关问题。本书研究的思路和框架如图1-1所示。

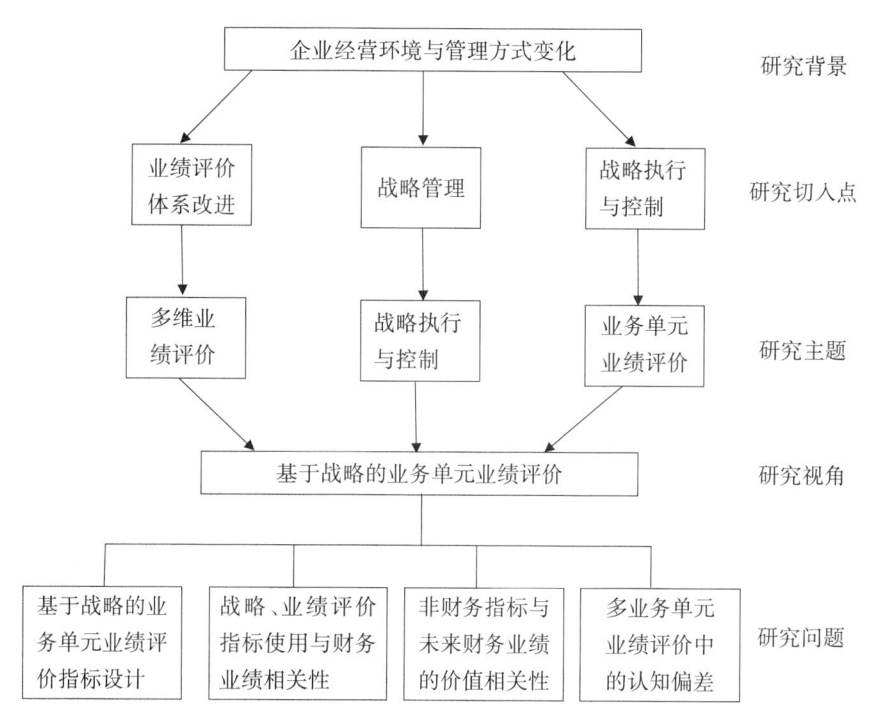

图1-1 本书研究思路和框架结构图

第三节 研究方法

本书综合使用文献梳理、历史分析、归纳总结、演绎推理等多种规范研究方法,以及档案室研究、调查研究、实验研究等实证研究方法。在实证研究方面,通过调查问卷、实验案例、专业市场调查机构、互联网、数据库等多种途径收集数据和信息,运用了多元线性回归、方差分析、均值检验等多种统计分析方法。其中,第二、三、四章主要采用规范研究的方法,在梳理国内外相关文献,分析业绩评价历史演变、总结和借鉴业绩评价创新成果的基础上,综合运用经济学、管理学、会计学、心理学等的基本理论,以平衡计分卡为多维业绩评价的基本框架,以多元化企业分权管理为组织背景,以业务单元为评价客体,以战略执行和控制为导向,阐述业务单元业绩评价体系的构建和业绩评价指标的设计和选择。本书第五、六、七章主要采用实证研究的方法,为业务单元业绩评价中多重业绩指标的应用问题提供经验证据。其中,在第五章通过问卷调查获得有关战略选择和业绩评价的信息,运用线性回归检验战略导向、业绩指标使用和财务业绩之间的相关关系;第六章从专业市场调查机构获得中国顾客满意度指数,检验顾客满意度和未来财务业绩之间是否存在显著的正相关关系,以及产品竞争程度在这一关系中的调节效应,同样采用多元回归分析;第七章主要运用实验研究方法,设计业绩评价案例和对比情形,让实验参与者模拟实务给出业务单元的业绩评分,并运用均值和方差分析检验认知偏差的存在性和不同措施组合对于减轻认知偏差的有效性。

第四节　研究创新点

本书研究的创新点主要可以概括为以下几个方面:

一、本书第三章在分析多元化经营与分权管理制度、事业部制组织结构、分权管理引发的委托代理问题的基础上,探讨了企业经营业绩评价的层次性、对业务单元进行业绩评价的必要性,以及业务单元业绩评价与企业整体业绩评价、员工个人绩效评价的相互联系,并就如何构建基于战略的业务单元业绩评价体系进行了详细阐述。而我国目前针对业务单元层面系统研究业绩评价相关问题的文献还很少。

二、本书第四章在阐述战略业绩指标设计原则、业务单元的战略类型、不同战略的特点和实施要点的基础上,以成本领先和差异化这两种竞争战略为主要分析视角,以平衡计分卡业绩指标体系为基本框架,以战略地图为基本分析手段,对如何以战略为导向设计和选择业务单元业绩评价的指标体系进行了深入研究,并探讨了影响业务单元业绩指标选择的其他权变因素。本书针对业务单元层面、着眼于业绩指标设计和选择的、以竞争战略为导向、以平衡计分卡为框架、以战略地图为分析手段的研究具有一定的独创性。

三、本书第五章关于竞争战略、业绩指标使用和财务业绩相关性的实证研究,其创新之处主要体现在:第一,运用问卷调查方式获得中国企业数据,本书提供了关于这方面研究的中国背景实证证据;第二,本书研究直接针对单一经营企业或多元化企业的业务单元层面,将波特的三类竞争战略归类为成本领先和差异化两类,并根据企业对具体策略重要性的打分来测度企业采取何种竞争战略,以及对该战略的强调程度,便于进行回归分析;此外,将样本企业限定于制造业企业,尽量减少行业特征对研究结论的影响。

四、本书第六章关于顾客满意度与未来财务业绩之间的价值相关性的实证研究,主要从以下方面对前人相关研究进行了拓展:第一,本书提供中国背景的证据证实,中国企业的产品顾客满意度与企业财务业绩之间同样存在着显著的正相关关系;第二,本书采用权威机构调查和发布的顾客满意度指数检验顾客满意度的价值相关性,这在国内相关研究属于首创;第三,本书引入产品竞争程度这一调节变量,分析产品竞争程度对满意度和财务业绩关系的影响。

五、本书第七章关于多业务单元业绩评价中的认知偏差问题的研究,本书在以下方面为相关研究做出了贡献:首先,本书提供中国背景证据证实了共性指标偏好在中国管理人员中间同样存在;第二,本书提出了两种切实可行的、减轻共性指标偏好的措施并证明具有显著效果,这对于提高业绩评价质量、充分发挥平衡计分卡的优势,具有较强的实务和理论启示意义;第三,本书对前人关于解决认知偏差的文献进行了梳理和剖析,探究其优点与不足并提出了改进措施,拓展了该领域的理论研究。

第二章　企业经营环境转变与业绩评价体系改进

第一节　业绩评价的含义、功能与理论基础

一、业绩评价的含义

要研究业绩评价的含义,首先要明确"业绩"和"评价"的含义,因为他们是构成业绩评价的基本要素。本书在分析关于两者含义的不同观点的基础上,给出了作者自己的定义。

评价是对人和事物做出主观判断的过程,是人类社会有目的、有意识的一种认识活动,是评价主题把握客体价值的一种有效方法。学术界关于评价概念的阐述尽管存在差异,但总体来说大同小异。如:评价是指人们为了达到一定的目的,运用特定的指标和标准,采取特定的方法,对人和事(事物或事件)做出价值判断的一种认识过程(张蕊,2002);评价是指为了达到一定的目的,运用特定的指标,比较统一的标准,采取规定的方法,对事物做出价值判断的一种认识活动。简单地说,评价就是通过比较分析做出全面判断的过程(财政部统计评价司,1999);评价就是为实现一定的目的,按照某种程序和方法,对某一客观经济现象进行整体描述,据以判断其基本情况和变化趋势,以使人们对该种经济现象达到某种基本的认识的过程(陈思维,2002)。

综上所述,评价是指人们为了实现一定的目的,运用特定的指标,比照特定的标准,采取特定的程序和方法,对人和事物的作用和价值做出判断、揭示其基本情况和发展趋势的一种认识活动。不同的人由于其认知判断能力、遵循的价值标准和采用的评价指标和评价方法的不同,对同一对象的主观评价结果,往往与客观实际以及他人的评价结果存在一定程度的差异。因此,提高认识能力、遵循公认的价值标准、设计和运

用科学的评价指标体系和评价方法,是提高评价质量的基本途径。

国内学术界并没有对业绩、效绩和绩效进行统一的界定,因此导致对其含义的争论。不少学者认为,三者之间存在差别,绩效是业绩和效绩的统称,其含义更加广泛。但笔者认为三者之间并没有本质区别,因为他们在英文中均为"Performance",只是中文翻译的表述不同而已,对三者进行严格区分并没有实际意义。因此尽管笔者在行文和表述中主要使用"业绩"一词,但在总结和借鉴前人文献和观点时对三个概念并不加以区分。关于业绩的《韦伯斯特新世界词典》对业绩的解释是指:1.正在执行的活动或已完成的活动;2.重大的成就,正在进行的某种活动或者取得的成就。《现代汉语词典》(2001年修订本)对业绩的解释是:1.建立的功劳和完成的事业;2.重大成就。张蕊(2002)认为,业绩反映人们从事某一活动所取得的成绩或成果。人们对业绩好坏的评判是通过比较形成的,常见的比较方式有:1.与过去比较;2.与预期目标或计划比较;3.与特定参照群体比较;4.与所花费的代价比较。业绩是绩效和效率的统称,包括活动过程的效率和活动的结果两重含义(冯丽霞,2003)。Kan与Lawler(1999)认为:绩效是某个个体或组织在某个时间范围内以某种方式实现的某种结果。综上所述,笔者认为业绩不仅表现为从事某项活动所取得的成绩或达到的效果,还表现为实现成果过程中的能力高低、方法有效性和行为效率。

根据业绩和评价的含义,可以得到业绩评价的基本概念:业绩评价就是通过人们对特定主体从事某一活动的过程效率以及所取得的成绩或效果进行价值判断的过程。完整的业绩评价过程应该包括以下几个方面:确定业绩评价的目的、选择业绩评价指标、设置评价标准、采用特定的评价程序的方法、获取评价相关信息、做出价值判断。

二、企业经营业绩评价的概念

企业是营利以为目的的经济组织。它聚合和运用土地、资本、劳动力、技术等各种生产要素,在为社会提供产品和服务的生产经营活动中取得盈余,并实现股东、员工、债权人等利益相关者的收益最大化。要实现这一终极目标,企业必须及时了解和适应顾客需求和市场环境的变化,制定正确的发展方向和经营战略,依靠技术创新、管理创新和制度创造,提高产品和服务质量,改进流程和行为的效率,提升企业形象和知名度,妥善处理和协同各方的经济利益关系,提高员工的技能并激发起积极性和创造力,并注意防范和控制各种经营风险,在充分满足顾客关于产品和服务的式样、质量、时间、成本的需求,实现顾客价值最大化的同时扩大企业营业收入,与此同时降低企业在生产经营过程中的各种资源消耗,以此实现企业价值增值和盈余的最大化。这是企业经营业绩的根本所在,也是经营业绩评价概念界定的基本出发点。

企业效绩是指一定经营期间的企业经营效益和经营者业绩。企业经营效益水平主要表现在盈利能力、资产营运水平、偿债能力和后续发展能力等方面。经营者业绩主要通过经营者在经营管理企业的过程中对企业经营、成长、发展所取得的成果和所做出的贡献来体现（财政部统计评价司，1999）。企业业绩可以从两个方面理解：一种是以结果为导向的业绩，是指在特定的时间内由特定的工作职能或活动的产出记录；一种是以行为为导向的业绩，是指与企业目标有关的，可以按照个体的能力（即贡献程度）进行测量的行动或行为（冯丽霞，2002）。企业绩效是一定经营期间企业经营效益和经营者绩效。前者主要体现在盈利能力、资产运营水平、偿债能力和后续发展能力方面，后者主要通过经营者在经营管理过程中对企业经营、成长、发展所取得的成果和做出的贡献来体现（张兆国，2002）。企业绩效包括经营绩效和管理效率。前者是指管理者在经营管理企业过程中对企业的生存与发展所取得的成果、所做出的贡献。管理效率是指在获得经营绩效过程中所表现出来的盈利能力和核心竞争能力（马璐，2004）。

综上可以看出，企业经营业绩既包括企业在一定时期实现的经营效益（结果），也包括为实现和提高经营效益的所有相关方面的行为有效性和管理效率。由于企业经营效益在很大程度上体现了是经营者的经营管理能力和努力程度，因此评价主体常常将经营者业绩评价与企业经营业绩评价联系起来。

关于企业经营业绩评价的概念，财政部统计评价司（1999）认为，效绩评价是指运用数理统计和运筹学方法，采用特定的指标体系，对照统一的评价标准，按照一定的程序，通过定量定性对比分析，对企业一定经营期间的经营效益和经营者业绩，做出客观、公正和准确的综合评判。效绩评价是对企业占有、使用、管理与配置经济资源的效果进行的评判，即通过对企业经营成果和经营者业绩的评判，不但使所有者可以决定企业下一步的发展战略，检查契约的履行情况，而且企业经营者及其他利益相关者也可以根据企业效绩评价结果进行有效决策，引导企业改善经营管理，促进提高经济效益水平（孟建民，2002）。企业经营业绩评价是通过收集有关企业经营成果的信息，将其和特定的标准进行比较的过程（李苹莉，2001）。企业经营业绩评价就是为了实现企业的生产经营目的，运用特定的指标和标准，采用科学的方法，对企业生产经营活动过程及其结果做出的一种价值判断（张蕊，2002）。其核心是比较所费与所得，力求用尽可能小的所费去获得尽可能大的所得。本书赞同张蕊教授的提法，认为应该从企业经营活动的过程效率和产出结果两个方面全面评价和考察经营业绩，评价的基本依据是成本效益或投入产出关系。

三、企业经营业绩评价的功能

企业经营业绩评价有利于企业利益相关各方全面了解企业经营状况和未来发展趋势,有利于企业建立和健全激励与约束机制,改进企业经营管理、促进经营者和员工的管理努力,达到提高企业综合竞争能力和经营业绩的目的。究其原因,企业经营业绩评价具有价值判断、预测、战略传达与管理、行为导向四大功能。

1. 价值判断功能

这是企业经营业绩评价的基本功能,也是业绩评价概念的核心内容。它通过设置各项业绩评价指标,记录和测算各项指标的实际值,并将指标实际值与目标值、历史水平、行业先进或平均水平等进行比较后对企业的盈利能力、发展能力和综合竞争能力等做出价值判断,从而准确、全面、客观、公正地衡量、了解和判断企业的经营业绩、经营管理水平和努力水平。

2. 预测功能

企业经营业绩评价有助于企业各利益相关者了解过去和当前企业经营结果的实际情况,经营管理水平和努力程度,企业资源和能力优势、劣势以及经营过程各方面所存在的问题,在此基础上预测和判断企业经营活动与业绩的未来发展趋势,从而使利益相关各方更好地进行决策和控制。

3. 战略传达和管理功能

企业为了实现其远景目标和长期发展战略,必须制定近期的、具体的经营战略并确定相应的关键业绩驱动因素,在此基础上设置反映多方面经营管理活动的过程及其成果的业绩评价指标体系,并为这些指标设置相应的目标值。通过这一途径,企业将经营战略层层分解和落实到各个管理层次和部门,实际上是向所有部门的员工传达了企业的战略目标,以及企业期望他们采取的行动。在这些经营活动实施的事中和事后,各个管理层和责任人企业及时记录和分析各项指标的实际值,判断和了解所取得的成绩和差距,总结存在的优势和不足,并有针对性地采取措施提高经营管理水平,保证战略的有效实施。

4. 行为导向功能

业绩评价体系在事前根据企业战略目标以及行为主体的职责和权限,设置相应的业绩评价指标和必须达到的目标,使行为主体明确应采取的行为和应完成的任务;在事中适时提供关于生产经营过程各个环节和方面的效率和效果信息,帮助行为主体及时发现问题与不足并采取改进措施;在事后全面、综合地评价行为主体的经营业绩,并将评价结果与薪酬制度、奖励计划以及其他激励措施结合起来,引导行为主体积极、主动地采取与企业利益和目标相一致的行为,并努力改进经营管理水平提高企业经营绩效和竞争优势。

四、企业经营业绩评价的理论基础

任何一门学科或方法体系的形成与发展,除了必须遵循其自身发展的客观规律、适应外部环境的变化以及人们生产与生活实践的发展,还必须从其他相关学科寻找理论依据,汲取丰富的营养,继承有益的思想,促进本学科或方法体系不断变革和完善。企业经营业绩评价体系也不例外。纵观企业经营业绩评价实践的历史轨迹,可以发现企业经营业绩评价的形成与发展与经济学和管理学等理论有着千丝万缕的联系,这些联系体现在这些理论为企业经营业绩评价体系提供了宽阔的理论基础和方法论上的引导,大大拓展了人们进行业绩评价研究的视野,使企业经营业绩评价体系逐步趋于系统、完善。限于篇幅,本书只探讨那些对业绩评价影响较大、联系相对紧密的经济学和管理学理论,包括组织行为理论、系统理论、委托代理理论、权变理论、目标管理理论、控制理论等。

1. 组织行为理论

组织行为学是系统地研究人在组织中所表现的行为和态度的应用性企业管理理论学科。组织行为学从组织、团队、个体三个层次来研究组织中的行为问题。其核心是企业管理思想由原来的以事为中心向以人为中心的转变,促进个体、团队和组织的目标保持协调一致,最终实现组织的目标。

行为科学的发展是从人际关系学说开始的。1933年梅奥在霍桑试验的基础上创立了人际关系学说,该学说强调:员工是社会人,工作条件和工作报酬并不是影响劳动生产率高低的唯一原因,最重要的是企业管理当局与员工之间,以及员工相互之间的社会关系;在正式组织中存在着非正式组织,它们对劳动生产率的提高有很大的影响,管理人员要充分重视非正式组织的作用;管理人员应当通过提高员工满意度和士气来达到提高劳动生产率的目的。人际关系学说的提出,向人们提出了在管理过程中如何满足人的社会和心理方面的需求来调动人的工作积极性的问题。从此,有许多学者对这一问题进行了系统的研究,这种研究的结果促进了管理理论的发展,使得人们对组织活动过程中人的行为规律有了更深入的认识。代表性理论有马斯洛的需要层次理论、赫茨伯格的双因素激励理论、弗鲁姆的期望理论、斯金纳的强化理论、麦格雷戈的X理论和Y理论等。

组织行为学对企业经营业绩评价体系的影响主要在于(王化成,2004):

第一,将组织的目标在企业内部进行广泛的沟通和交流,使员工个人和团队了解组织的目标,激发他们的主动性,进而将组织的目标分解为团队和员工的目标。传统的业绩评价方法对于如何发挥人的主动性经常是欠考虑的。成本控制和其他评价工作成绩的报告往往着眼于惩罚。因此,业绩评价系统的设计,要把激发员工的主动性放在首要地位。

第二,评价标准应具有可控性和激励性。可控性可以使被评价者感到自己的行为能影响行为结果。激励性是指应以平均先进水平为基础,发挥员工的积极性和创造性。

第三,在评价指标和评价标准的制定过程中,应实行参与式的民主管理方式。评价指标是企业目标的量化和细化,如果员工参加了评价指标和评价标准的制定,自然也就理解并能接受企业的目标。也就是说,通过具体的评价指标以及相应的评价标准,企业的目标转化为了员工的日常行动。实践证明,参加管理所带来的合作精神可以使各级员工团结在一起,一致努力达到和完成企业的目标。参加管理的目的在于给员工机会发挥他们的创造性和选择的自由性。但是,参加管理可能会引起过多的讨论、过久的延误和过少的行动。因此,在评价指标和评价标准的制定过程中,应将领导的权威性与员工的积极性结合起来。

第四,将评价结果与激励机制进行联系。评价可以分为企业整体、部门和个人三个层次,但是员工的薪酬与哪一级别的评价结果相联系呢?一般来讲,员工的薪酬取决于其所在部门的业绩和个人的业绩。这样做的好处是可以促进员工之间的合作,但不利之处是可能造成"搭便车"行为或限制个人突出。

2.系统理论

系统理论是美籍奥地利生物学家贝塔郎菲于1937年提出来的。根据系统理论,系统是由相互依存、相互制约的若干要素组成的具有特定功能的整体,该定义包含三方面的内容:(1)系统是由两个以上的要素组成;(2)各要素之间存在着有机联系;(3)这个整体具有其各个组成部分所没有的新的性质和功能。一个完整的系统应该具有以下五个方面的特征:(1)目的性。每个系统都有明确的目的,系统目的包含整体目的和分目的,整体目的是系统整体行动的出发点和归结点,而分目的则是整体目的的分解和实现整体目的的手段。(2)整体性。表现在系统内部各要素之间业绩系统与环境之间存在着有机联系,系统要素与系统之间,以及系统内各要素之间的相互作用必须服从于整体功能的要求,系统的整体目标要靠各要素的共同作用才能实现。(3)相关性。系统内各要素之间存在相互依存、相互影响、相互制约的关系。系统内任何一个要素发生了变化,其他要素也必须做出相应的调整和改变。(4)层次性。系统是一个具有层次、结构和方向的有机整体,而不是几个子系统(即要素)的简单归集。每一个复杂的系统都是由若干个子系统组成的,而子系统又包括若干更小的系统。同时,系统本身又是某个更大系统的一个组成部分。(5)环境适应性。系统并不是孤立存在的,它只有不断地与外部环境进行物质、能量和信息的交流,才能维持平衡、提高效率、实现目标并不断演化发展。反过来,系统在适应环境的过程中也对外部环境产生了影响。

系统理论对经营业绩评价的影响主要在于:(1)准确理解业绩评价系统的目标和功能。业绩评价系统是企业管理这个大系统的子系统,其目的是帮助企业实现经营目标。企业管理系统包括计划与控制两大部分。在计划过程中,业绩评价系统根据企业经营战略设定业绩评价指标及其目标值,向每个部门传达了战略目标和经营计划。在控制过程中,通过记录和评价目标和计划的完成情况,及时发现偏差并采取有效措施改进经营管理。(2)全面考虑企业内外部因素来设计业绩评价体系。根据系统理论,企业是一个人造的开放系统,其经营过程受到系统内部因素和外部环境因素的影响。作为企业管理系统重要子系统的业绩评价系统,同样也受到组织结构、经营战略、生产制造技术、企业文化、员工素质等企业内部因素,以及政治法律、市场竞争程度、消费者需求变动等外部环境因素的重大影响。因此,企业经营业绩评价体系的设计应系统、全面地考虑各项这些企业内外部环境和条件因素,以保证评价结果的科学性和准确性。(3)注重企业整体和部门之间,以及不同部门之间的业绩协调。企业整体和部门之间,以及企业内部各个部门和业务领域的业绩既相互联系,又相互区别。因此,业绩评价指标及其目标值的设定应有所区别,采用的评价方法和所需信息也不相同。同时,在经营业绩评价系统的设计过程中应充分考虑企业整体和部门之间,以及部门之间的相互联系、相互影响,重视他们之间的业绩协调。(4)更好地理解业绩评价系统的整体性。一个完整而有效的业绩评价系统包括评价主题、评价课题、评价目标、评价指标、评价标准、评价方法和评价报告等构成要素,这些要素之间有机地联系在一起。

3.委托代理理论

现代公司制企业经营规模的不断扩大和经营管理复杂程度的日益提高,导致企业所有权和经营权相分离,由此产生了所有者和经营者之间的委托代理关系。由于所有者和经营者之间的目标函数不一致,所有者追求的是投资收益最大化,而经营者追求的是报酬和闲暇时间最大化,导致代理人可能偏离委托人的目标,同时由于他们之间信息不对称、责任不对等以及契约的不完备,从而产生"道德风险"和"逆向选择"问题,损害委托人的利益。为了解决代理人的道德风险和机会主义倾向,使代理人目标与委托人目标趋向一致,从而降低代理成本和代理风险,提高企业经营效率和所有者投资回报,委托人必须设计一套激励约束机制来规范经营者的行为。

一般而言,委托人对代理人的管理采取的激励约束机制,主要通过选聘机制、激励机制和约束机制实现。这三种机制的作用发挥都离不开评价机制的作用。全面、准确地评价企业经营业绩,对经营者的经营管理能力和努力水平有一个客观、公正的判断,根据经营者受托代理责任的完成情况,决定是否对其继续选聘,给予其多少报酬和奖励,并对其有损于所有者利益的行为提出告诫或进行惩罚,有效地约束代理人的经营管理行为。因此,科学的企业经营业绩评价系统,是完善激励与约束机制、促进委托代理双方目标一致的重要途径。

4.权变管理理论

权变理论是20世纪70年代在经验主义学说基础上发展起来的管理理论。美国尼布拉加斯大学教授卢桑斯在其1973年发表的《权变管理理论:走出丛林的道路》和1976年出版的《管理导论:一种权变学说》中,对权变理论进行了系统阐述。权变理论的核心思想是,世界上并不存在一成不变的、适用于任何情形的"最好"的管理理论、管理手段和方法,每一种管理理论、管理手段和方法都有其具体的适应性,一种管理方法在某种情境中能取得较好的效果,而在另一种情境中却不一定有效。因此在企业经营管理中,管理人员必须根据企业所处的环境和内部条件的发展变化而随机应变,权变管理实际上是企业管理者在变化着的条件和特殊的经营环境中如何实现有效的经营管理的思想和方法。

权变理论对权变关系的具体描述,是通过一个概念性框架完成的,这个概念框架包括三个基本部分:(1)环境;(2)管理观念、方法与技术;(3)两者之间的权变关系。权变管理就是要确定有关的环境条件,然后同一种能最有效实现目标的相应的管理观念、方法与技术联系起来,从而为特定的管理任务确定一种管理模式。权变理论的主要特点可以归纳为以下三个方面:(1)以开放系统的观念为基础。将企业看作是社会系统中的子系统,企业各方面的活动都应当适应外部环境的要求;(2)以实践研究为导向。强调根据企业的实际条件和情况来选择最适宜的管理模式,并采取相应的组织结构、领导方式和管理机制;(3)多变量的方法。权变理论将外部环境和内部环境都纳入自己的研究范围,采用多变量分析技术,确定不同变量的组合所产生的特定结果。

根据权变理论,业绩评价体系作为企业管理控制系统的重要子系统,同样与企业自身特有的环境变量有着密切的联系,不存在一个固定的、最优的、能普遍适应的业绩评价模式。从历史发展看,业绩评价的演进过程就是企业经营环境和管理方式变迁在业绩评价中的具体体现;从管理实践看,企业应充分考虑外部经营环境、企业战略定位、组织结构、生产管理技术、生命周期等权变因素的影响,确定和调整经营业绩评价的主体和客体、评价目标、评价内容、评价程序与方法、指标体系、标准以及各项指标的权重,保证经营战略的有效实施和竞争优势的获得。

5. 目标管理理论

目标管理最早由彼得·德鲁克在1954年出版的《管理的实践》一书中提出,他的观点主要有:(1)企业必须制定明确的战略目标,凡是影响企业生存发展和经营业绩的所有重要方面,都必须建立目标。目标管理以"目标"作为组织管理一切活动的出发点、归宿点和手段,贯穿于一切活动的始终,包括活动开始前确定目标、依据目标控制活动过程、根据目标完成情况评价活动结果,充分发挥目标的激励和约束作用;(2)每个部门和员工都必须根据企业整体目标设置各自的具体目标,并实行自我控制,企业的经营活动应尽可能交由基层管理人员完成;(3)只有在前面两点的基础上,企业才能实施分权管理和业绩评价。目标管理理论强调将企业的宗旨和任务转化为战略目标,同时由企业高层管理人员和基层管理人员以及员工一起,共同制定各个部门和员工的具体目标,明确他们的责任范围,并依据这些目标对各个部门和员工进行领导、管理、贡献评价、业绩考核和奖惩,引导和激励组织员工的决策和行为,从而保证企业的有效运作和经营目标的实现。

目标管理理论对企业经营业绩评价的影响主要表现在以下三个方面:(1)经营业绩评价是一种典型的目标管理活动。企业发展取决于目标是否明确,目标管理使得管理人员必须考虑如何为实现预期的经营目标而进行计划,战略目标是企业战略计划和制定的依据,引导各部门和员工采取符合企业整体目标的决策和行为。因此企业经营目标必须具有全面性和层次性,可以分解落实到各个部门,并且被全体员工理解和接受。业绩目标是经营业绩评价的核心,必须是分阶段的、细化到各个部门、明确并且可以计量的,这样才能在企业战略管理和控制中发挥引导、沟通、传递、协调的作用。(2)目标管理规定了业绩评价的标准。目标管理的核心思想就是把企业整体目标分解后成为各个部门和员工的具体目标和工作业绩标准,以此作为依据,对各项活动的过程和结果进行跟踪控制和衡量,修正和调整偏离计划的行为,保证经营目标的实现。业绩标准通常体现为一定时期内要求完成的工作量和程度,业绩评价标准的设置是否合理,对业绩目标能否完成产生重要影响。(3)目标管理具有激励作用。实行目标管理使得全体员工有机会把自己的意见反映到计划中,因而工作有目标、成效有考核、奖惩有依据,这种自我控制的管理模式能够充分激发员工的工作热情。同时,将业绩目标的完成情况与薪酬制度结合起来,也能激励员工努力改进生产与管理活动,从而促进企业经营业绩的提升。

6.控制理论

控制是指监视各项活动,保证它们按照计划进行并纠正各种重要偏差的过程。在企业管理中,控制职能是指管理人员按照决策所确定的经营方向和计划所确定的具体执行方案,运用工作标准衡量计划的完成情况、检查实际工作的运行情况,分析偏差的状况和偏差形成原因,并及时采取有效措施纠正偏差,以确保计划企业经营目标的实现。控制是与计划紧密相连的一个概念,计划和控制贯穿于企业管理的全过程。同时,控制工作具有很强的目的性,它通过制定工作标准、衡量偏差以及纠正偏差来实现组织既定的管理目标。

控制理论对企业经营业绩评价的影响主要体现以下四个方面:(1)业绩评价体系是企业管理控制系统的重要组成部分。完整的管理控制系统应当由战略计划、信息沟通、业绩评价和激励四个子系统构成,其中业绩评价是管理控制系统的核心。(2)经营业绩评价的过程本身就是一个完整的控制过程。这个过程包括业绩评价目标的制定、评价主体和评价客体的确定、评价指标的设计、评价标准的设置、评价方法的运用、评价信息的收集以及信息的反馈和分析,通过业绩评价总结成绩和发现不足,以便及时采取有效措施纠正偏差。(3)业绩评价体系的设计不仅要注重该体系本身的优化和完善,还必须考虑与管理控制系统其他子系统之间的协调。企业应将战略实施过程与各种价值管理工具结合起来,建立一个系统整合的综合性框架,提高战略实施与控制的有效性。(4)经营业绩评价的基本功能是计划和控制。正如控制与计划紧密相连,业绩评价和战略计划也是有机联系在一起的。业绩评价将企业的战略目标转化为一系列业绩指标和明确的评价标准,并及时反映战略实施的成果与不足,监控战略的实施过程,促进战略目标的实现。

第二节 传统经营业绩评价体系的基本特点与不足

企业经营业绩评价体系的发展是随着生产经营及所处外部经济环境和内部管理要求的变化而不断发展变化的。西方企业经营业绩评价发展史大致可划分为三个时期:19世纪初至20世纪初是成本业绩评价时期;20世纪初至20世纪80年代是财务业绩评价时期;20世纪90年代至今是企业业绩评价指标体系的创新时期[①]。

一、成本业绩评价时期

从19世纪初到20世纪初的100年里,美国许多企业根据其经营特点相继建立了相应的业绩评价指标用于评价企业内部的生产效率。由于产品和业务较为单一,这些企业使用了一些较为简单的成本指标,如每磅成本、每公里成本等,这种业绩评价带有统计的性质。随着资本主义市场经济的进一步发展,企业产品品种及其耗用资源种类不断增加,企业之间市场竞争日益加剧,简单成本指标已难以满足企业最大限度地提高生产效率的需要,急需进一步的改进与完善,于是出现了较为复杂的成本计算和业绩评价方法,这是成本会计的第一次革命。受泰勒科学管理思想的影响,1911年美国会计工作者设计了最早的标准成本制度,实现了成本会计的第二次革命。标准成本及其差异分析制度的建立,使得成本控制发生了革命性变革,实现了被动的事后分析计算向积极、主动的事前预算和事中控制的转变,提高了成本管理的效率和效果。标准成本的执行情况和差异分析结果成为该时期评价企业经营业绩的主要指标。

二、财务业绩评价时期

到了20世纪初,资本主义市场经济已进入稳步发展时期,自由竞争已过渡到了垄断竞争,这时期从事多种经营的综合性企业发展起来了,企业多元化经营和分权化管理为业绩评价的进一步创新提供了机会。出于协调企业内部多种经营、加强资本所有权控制、实现资本投资回报最大化的需要,1903年,美国杜邦公司的高层管理者设计了投资报酬率指标(ROI),并将其分解成两个重要的财务指标——销售利润率和资产周转率,层层分解,进而形成一个存在因果关系的指标体系,成为评价企业整体及其各部门的经营业绩的重要依据。1928年,亚历山大·沃尔提出了综合比率评价体系,即沃尔比重法。该方法采用7个财务指标,每个指标确定相应的标准比率和权重,通过实际比率与标准比率的比较,得出各项指标的得分以及综合业绩评分。

20世纪20年代至20世纪60年代,运用最为广泛的财务业绩指标是销售利润率。这是因为在当时的情况下,许多控股公司的重点目标是税负最小化,母公司一般只注重子公司的现金流量而极少关心其业绩评价问题。虽然投资报酬率和剩余收益开始被用于业绩评价,但是销售利润率常常被认为是更重要的指标。然而,随着杜邦公司、通用汽车公司这类多部门企业组织形式的发展,投资报酬率指标的应用范围得到进一步拓展。人们开始认识到有必要针对子公司特有的经营环境,建立适合控股公司的特

[①] 关于传统企业经营业绩评价体系的基本特征和不足的阐述,较多地参考和总结了张蕊和王化成的相关研究专著。

定业绩评价方法。到了20世纪70年代,投资报酬率成为应用最为广泛的财务业绩评价指标。进入20世纪80年代,美国许多企业开始意识到过分强调短期财务业绩是美国公司在于欧洲和日本企业竞争中处于不利地位的重要原因,于是更多地关注企业长期竞争优势的形成和保持,对企业经营业绩的评价形成了以财务指标为主,非财务指标为补充的业绩评价体系。尽管如此,在20世纪初到80年代之前,以销售利润率、投资报酬率为典型代表的财务业绩评价指标长期以来一直是企业经营业绩评价的主流。财务业绩指标的最大优点在于其易于量化、操作方便,其数据来源于会计系统,取得比较方便,因而具有较高的可比性和可信度。

三、企业经营业绩评价指标体系创新时期

传统的以财务指标主导的经营业绩评价体系产生于产业时代,在当时企业面临的经营环境比较稳定、产品和技术更新较慢、基本采用大批量标准化生产的情况下,这种业绩评价体系曾经取得了巨大的成功,为企业外部利益相关者的相关决策提供了有力的工具,对改进企业内部经营管理层也有一定的借鉴作用。

但是20世纪90年代以来,企业的经营环境发生了巨大变化,表现在经济全球化进一步发展和科学技术的广泛应用,使得企业之间的竞争日益加剧;产品创新和技术更新不断加快,消费者需求日益多样化、个性化,市场形势瞬息万变,企业经营的不确定性大大增加;全面质量管理、适时生产制度、弹性制造系统、计算机集成制造系统等先进的生产制造与管理方式逐步引入企业并得到广泛应用;知识产权和商誉在企业的重要性日益提高,员工的知识技能、管理水平、积极性和创造力成为企业获得竞争优势的决定性因素。企业要在激烈的市场竞争中得到生存和发展,就必须形成和保持自己的核心竞争力,通过制定合理的战略目标,密切关注市场变化和顾客需求变动并及时做出快速响应,加强新产品开发、技术与管理创新、人力资源管理、市场开拓,提高产品与企业声誉,改进内部管理流程的效率,在为顾客创造最大化价值、协调企业各方利益的同时实现企业经营目标。相应地,业绩评价系统也应着眼于为企业核心竞争力的形成、竞争优势的获得、经营战略的有效实施提供支持和保证。传统的基于财务指标的业绩评价体系,由于存在短视、滞后、重结果轻过程、易受会计政策和人为操纵影响、忽视外部环境、不能解释业绩动因等不足,显然无法胜任这一重任。

对于用单一的财务指标评价企业业绩,虽然早在1951年美国通用电气公司的总裁Ralph Cording就提出了质疑,但直到20世纪80年代,随着美国企业竞争力的不断衰退,才引起学术界和实务界对继续使用财务指标评价在新的竞争环境中的企业经营业绩的适用性进行了广泛的讨论。

Dixon(1990)认为传统的基于财务指标的业绩评价系统同强调质量和适时生产的产品战略不相容。Brancato(1995)和Fisher(1995)的研究发现许多公司认为财务指标局限于回顾过去,缺少解释未来绩效的预测能力,可能导致对短期或不正确的行为进行奖励。Ittner和Larcker(1998)列举了传统业绩指标的各种局限性,包括:反映历史、注重过去;缺乏预测能力;奖励短期导向和不正确的行为;不具有可操作性;不能及时反映关键业务的变化;过于综合和概括以至于无法指导管理行为;过于部门化而不利于跨部门协作;对无形资产关注不够。具体来说,财务指标的缺陷主要表现为:

第一,会计系统本身的局限性影响了财务指标的有效性。财务评价指标是按照会计制度和会计准则进行确认、计量和加工得到的财务数据,由于所依据的会计准则的会计制度自身存在不完善之处,使得计算出来的财务指标不能完全保证真实、完整、可靠地反映企业的经营成果和经营业绩水平。此外,财务数据容易受到会计政策选择、会计估计误差和人为操纵的影响,可能导致计算出来的财务指标偏离和扭曲真实的经营业绩状况。

第二,滞后地反映过去的经营成果。财务业绩指标是以会计核算分期为时间基础计算出来的,仅仅是对过去经营成果的分析、评价和事后管理控制,远远未能发挥业绩评价体系应有的功效,不利于对企业经营过程和各管理环节进行实时监控和及时调整,并且容易导致管理人员的短期经营行为。此外,财务业绩评价注重事后的评价和总结,不强调事前的预测、目标的设立和事中的控制,不能为战略目标的科学设置和合理分解,以及及时反映和有效控制战略实施过程提供有力的支持。为现代企业经营管理服务的业绩评价应当充分利用现代信息技术,突破人为会计期间的限制,及时提供业绩评价所需的经营活动相关信息,并且将业绩评价与战略管理的总体目标、具体目标以及整个实施过程有机结合起来。

第三,不能揭示业绩动因。财务指标反映的是经营活动的综合业绩结果,但这种对经营过程和结果的高度概括和抽象,使得很多深层的原因以及各种复杂而具体的内部情况被掩盖起来了,虽然可以从财务指标上判断企业的业绩是提高了还是下降了,但不能揭示引起业绩提高或下降的根本原因,也不能揭示价值链上的具体信息,因而难以为企业改进业绩指明方向,也不利于企业在动态环境下迅速进行调整和反应。

第四,忽视对企业外部影响因素的分析与评价。财务业绩评价指标体系偏重对影响企业经营业绩的内部因素的评价,而忽视对企业外部影响因素的分析与评价。企业是一个多位的开发的系统,其运营不仅涉及内部各种因素,而且受到外部各种环境的影响。随着经济的发展,企业所面临的经营环境越来越复杂多变,没有对外部环境的正确评价，企业很难发现自身的优点、缺点以及所面临的机会和威胁，也就难以在长期的竞争中获得战略优势。因此，为现代企业管理服务的业绩评价体系必须拓宽视野，除了要关注企业内部管理水平的提高，更应充分重视市场变化、利益相关者的权益要求、顾客满意度、产品开发、技术创新等外部因素，关注企业内外的相互协调。

第五，没有充分反映无形资产的价值和作用。作为财务业绩指标数据来源的会计系统对存货、机器设备等有形资产的价值计量和信息披露已经相当完善，却未能对企业所拥有的无形资产的价值和作用进行充分、完整的衡量和披露。在科学技术日新月异、市场竞争日趋激烈的今天，企业要获得竞争优势，必须具有较强的创新能力和应变能力，企业的产品开发和技术创新能力、市场声誉、员工的知识经验和管理技能、内部流程效率、市场响应速度、产品与服务质量等无形资产，对于企业的经营成功和战略目标的实现起着举足轻重的作用。传统的基于财务指标的经营业绩评价体系不利于企业的创新、积累以及竞争优势的形成。

美国管理会计协会(the Institute of Management Accounting, IMA)于1996年所做的一项调查发现(Christopher和David, 1998)，只有15%的被调查者认为企业目前的业绩评价系统较好地支持了高级管理当局的经营计划，而43%的被调查者认为业绩评价系统对经营计划的支持并不充分。从反映的情况看，越来越多的企业采用新的业绩评价系统来克服这些局限性，其中60%的被调查者表示他们正在修改或计划替换他们的业绩评价体系。

来自权威机构的两份相关的调查报告显示了现行的企业内部管理业绩评价系统需要改进。第一份调查报告来自美国注册会计师(AICPA)对业绩评价的研究(Mark, 2002)。这些研究显示只有35%的被调查者认为他们公司的业绩评价系统是有效的，而80%的人认为他们的业绩评价系统所提供的信息质量远远达不到标准或者顶多差强人意。第二份调查报告是来自美国管理会计协会(IMA)的关于业绩评价系统的报告(Mark, 2002)。

第三节　企业经营业绩评价的改进与创新

鉴于传统业绩评价系统的上述缺陷，学术界和实务界越来越多地致力于新业绩评价指标的开发。尽管财务指标存在着诸多问题，但由于其本身的显著优越性，因此业绩评价的改进不外乎是对现有财务业绩指标的修正和补充。20世纪90年代关于业绩评价改进的研究探索主要有两种思路。第一种思路是"调整",设计更接近于企业经济现实并能反映企业未来价值创造的指标,如贴现现金流量、经济增加值等,即采用新的财务指标来克服传统财务指标的局限性。第二种思路是"补充",即在财务指标的基础上,增加具有前瞻性的、反映企业长期核心竞争能力的非财务指标,如顾客满意度、产品合格率、员工满意度等,以弥补财务指标的不足。以下对两个方面的创新分别进行阐述。

一、采用反映企业经济收益的财务指标

20世纪50年代以后,能更好地反映企业整体价值、未来机会和风险的贴现现金流量指标的应用日益广泛。从20世纪70年代开始,贴现现金流量指标已占主导地位。1986年艾尔弗雷德·拉帕特在《创造股东价值》一书中提出了一个衡量公司业绩的新方法,极大地推动了贴现现金流量模型在公司业绩评价中的运用。

随着股份公司和资本市场的发展和完善,企业经营目标从利润最大化发展为股东价值最大化,而现有的会计收益指标无法满足资本市场和股东评价公司价值和股东财富的需要。于是,人们提出了一系列"经济收益"指标来克服传统财务指标的局限性,其中应用最广泛的就是经济增加值(EVA)指标。经济增加值指标是由美国咨询公司 Stern 和 Stewart Company 于1982年正式提出的。经济增加值在数量上等于企业税后净经营利润(NOPAT)超过加权平均资本成本的价值,其计算公式为:经济增加值 = 税后净经营利润 − 投入资本 × 加权平均资本成本。经济增加值指标在计算上考虑了企业的权益资本成本,其最大的特点是从股东的角度来重新定义企业的经济收益,反映企业创造股东财富的能力。此外,在利用会计数据计算经济增加值时需要进行多项调整,这不仅可以在一定程度上消除财务会计系统本身的缺陷,如稳健主义、会计估计误差、盈余管理等对会计信息和业绩计量造成的扭曲,而且有利于更加真实、全面地衡量企业生产经营创造价值的能力和企业未来发展前景。依据经济增加值建立的激励报酬系统能促进经营者关注企业的资本增值、股东财富增长和长期经济效益,减少短期行为的发生,鼓励和引导他们做出有利于企业长期发展的投资决策,如加强新产品的研究开发和人力资源的培训。1997年,Jeffery 等人提出修正的经济增加值(REVA)指标,进一步发展了经济增加值指标。

二、在业绩评价体系中纳入非财务业绩指标

尽管与会计利润相比,经济增加值指标更加接近企业的经济现实,能够更好地反映企业创造企业价值增值和股东财富的能力。但经济增加值作为一个综合的财务业绩评价指标,仍然存在财务指标本身所具有的滞后性、短期性、易受会计政策和人为操纵的弱点,只能反映经营活动的最终结果,不能揭示经营战略、管理决策和运营过程对

财务业绩的影响,因而对于经营战略的制定、改进和有效实施以及实现企业经营目标没有太大的帮助。

为了克服包括经济指标在内的、以会计为基础的业绩指标的局限性,适应新的企业经营环境,越来越多的企业在业绩评价体系中逐步纳入了一些非财务业绩指标。

与财务指标相比,非财务业绩评价指标具有如下优点:(1)非财务指标涉及经营活动的方方面面、各个环节和所有阶段,反映的内容更加全面。(2)能对经营过程进行适时跟踪和评价。非财务指标的信息来源多样化,信息提供频率不受会计分期的限制,因而能够更加及时、快捷地反映经营活动过程和结果情况,便于管理人员动态、连续地对所要控制的活动和项目进行跟踪监视,使问题得到迅速解决和改进。(3)非财务指标对经营活动的计量和评价更加直接和明确,易于分清不同部门和人员之间的责任,使得对经营过程的控制更有可操作性、更有效果。Barua、Kriebel和Mukhopadhyay(1995)指出,非财务指标能够更好地反映管理努力,有益于评价管理业绩,因为与财务指标相比,它们提供了关于管理努力的、更加直接和密切相关的指标。(4)由于非财务指标多为经营业绩形成过程中的阶段性、过程性指标,如顾客满意度、投入研发的新产品数量、产品合格率、员工培训时间等,这些非财务指标业绩的提高需要投入大量的资源和长期的努力,可能导致当期财务业绩下降,但对这些方面的管理控制和持续改进有助于企业取得优良的长期经营绩效。非财务指标将非财务指标纳入业绩评价体系,促进管理人员重视企业长期利益的最大化、减少短期经营行为。Hauser、Simester和Wernerfelt(1994)认为,管理努力影响了质量、顾客满意度等非财务指标的已实现价值,反过来,非财务指标的高低影响未来财务业绩,因而非财务指标被认为是长期财务业绩的良好指示器。Hemmer(1996)指出,使用非财务业绩指标有助于管理人员关注其行为的长期方面。(5)非财务指标能够衡量和评价现行会计系统无法充分反映的无形资产的价值,有助于加强企业对人力资源、市场声誉、技术创新能力等无形资产的培育和管理,提高企业的长期经营业绩。

可见,将非财务指标纳入业绩评价体系,不仅可以形成更多的、全面反映企业价值的指标,而且可以在经营过程中发现驱动价值创造的因素,以弥补财务业绩评价指标的不足。正因为如此,20世纪90年代以来,出现了许多各具特色的融入非财务指标的业绩评价系统,较为成型的有德鲁克"以改革为核心"的观点,霍尔的"四尺度"论,马克奈尔、林奇和克罗斯的业绩金字塔模型,以及卡普兰和诺顿的平衡计分卡。

1.德鲁克"以改革为核心"的观点(彼得.F·德鲁克等,1998)

根据德鲁克的观点,评价一个企业的改革不能从其自身业绩出发,而应仔细评估其所处行业的改革,以及企业在改革中的地位和作用。

2.霍尔的"四尺度"论

霍尔认为,对企业业绩的评价要从质量、作业时间、资源使用、人力资源等四个尺度来进行,企业可以通过对这四个方面的改进,来改进企业的经营业绩。

3.业绩金字塔模型(林奇和克罗斯,1991)

1991年,理查德·林奇和凯文·克罗斯提出了一种将企业总体战略与财务和非财务信息结合起来的业绩评价体系——业绩金字塔模型。在业绩金字塔中,企业总体战略位于最高层,由此产生企业的具体战略目标,并向各层组织逐级传递,直到最基层的作业中心。该模型反映了战略目标与业绩指标之间的因果关系,揭示了战略目标自上而下和业绩指标自下而上逐级重复运动的层级结构。但该模型没有形成可操作的业绩评价体系,因而在实际工作中较少采用。

4.平衡计分卡

1992年卡普兰和诺顿提出平衡计分卡业绩评价模式,从财务、顾客、内部流程、学习与成长四个方面全面评价企业业绩,构建了财务指标与非财务指标相结合的评价指标体系,较好地克服了单一财务指标评价的不足,并在以后的专著中给出具有操作性的实施步骤,使平衡计分卡成为战略管理的有效工具。

上述四种具有创新性的业绩评价模型中,平衡计分卡是近几十年来最有代表性、影响最大、应用最广泛的结合财务指标和非财务指标的综合业绩评价体系。因此,深入分析和系统总结平衡计分卡业绩评价体系的基本思想、方法、优点和不足,对于更好地理解、研究和应用这一先进的业绩评价体系和有效的战略管理工具,具有十分重要的意义。

第四节 平衡计分卡业绩评价模式的基本内容、优点和不足

一、平衡计分卡的产生背景与基本思想

平衡计分卡是在1990年美国诺顿研究所主持并完成的课题"衡量未来组织的业绩"的研究成果基础上,由美国著名管理会计学家、哈佛大学商学院教授罗伯特·卡普兰和复兴方案公司总裁大卫·诺顿提出的一整套用于评价企业战略经营业绩的财务与非财务指标。卡普兰和诺顿于1992年、1993年和1996年先后在《哈佛商业评论》上发表了《平衡计分卡:驱动业绩的评价指标体系》《平衡计分卡的实际应用》和《平衡计分卡在战略管理系统中的应用》三篇专著,奠定了平衡计分卡的理论基础。此后又出版

了《平衡计分卡：一种革命性的评估和管理系统》《平衡计分卡：化战略为行动》等专著，标志着这一理论的成熟，将平衡计分卡由一种全面业绩评价体系转变为有效的战略管理工具。平衡计分卡从创立以来得到了会计理论和实务界越来越广泛的重视与研究。根据 Gartner Group 调查表明，截至 2000 年，在《财富》杂志公布的世界前 1000 位公司中，有 70% 的公司采用了平衡计分卡系统，Bain & Company 调查也指出，50% 以上的北美企业已采用它作为企业内部业绩评价的方法，并且平衡计分卡所解释的非财务的评价方法在这些公司中被广泛应用于员工奖金计划的设计与实施之中。《哈佛商业评论》更是将平衡计分卡评为 75 年来最具影响力的战略管理工具。在我国，近年越来越多的企业开始引进和运用平衡计分卡，将其作为全面业绩评价的重要手段和战略管理的有效工具。

二、平衡计分卡的基本内容

平衡计分卡是以公司战略为中心，把企业及其内部各部门的任务和决策转化为多样的、相互联系的目标，然后再把目标分解成多项指标的多元业绩评价系统。平衡计分卡由财务、顾客、内部流程、学习与成长四个相互联系的维度组成（卡普兰和诺顿，1996）。这些具体内容的框架结构如图 2-1 所示。

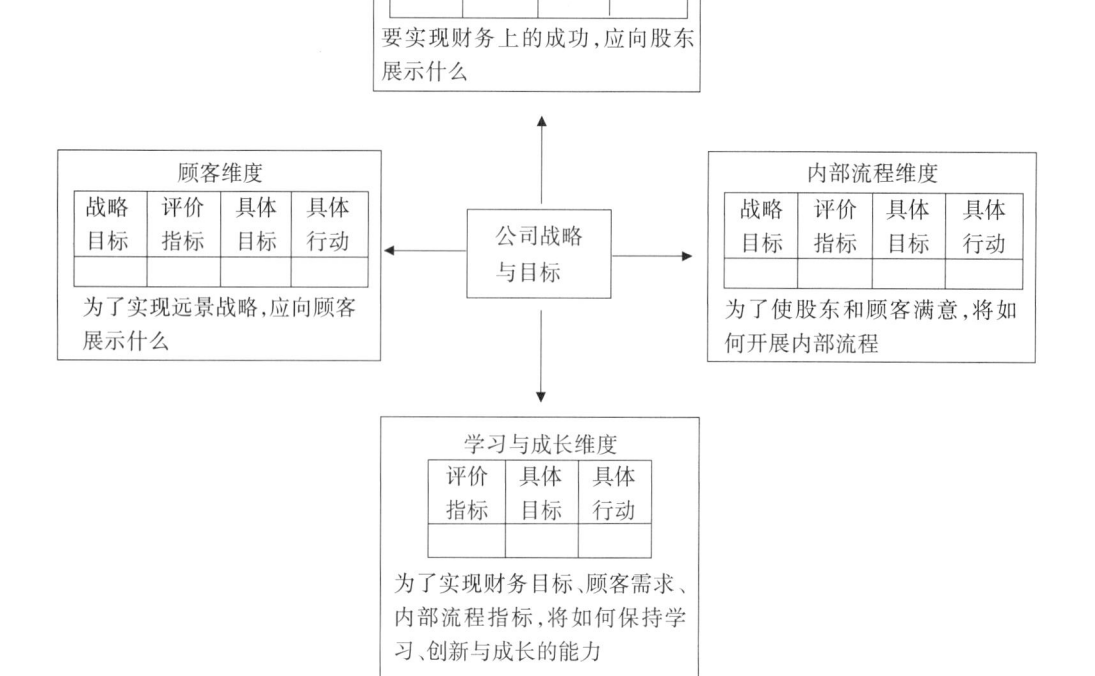

图 2-1 平衡计分卡具体内容框架

1. 财务维度

尽管基于财务指标的业绩评价体系存在种种缺陷,但这并不等于要否定和废除财务指标。财务指标反映了公司的战略及其执行是否有助于利润的提高和股东价值的增加,是其他维度业绩指标的出发点和落脚点。如果员工技能、质量、内部经营效率、顾客满意度等方面的改善和提高无法转化为销售收入的增加、成本费用的降低、利润的增长、股东投资报酬率的提高,那么做得再好也无济于事。因此,财务指标始终是控制和评价公司经营业绩的核心指标,并在平衡计分卡中予以保留。常用的财务业绩指标主要有利润和投资回报率。此外,还可以采用营业收入、销售成本、现金流量、销售增长率、经济附加值等。

2. 顾客维度

顾客是实现公司财务目标永不枯竭的源泉。公司只有更好地满足顾客需求,才能保持老顾客和赢得更多的新顾客,创造出良好的经济效益。平衡计分卡中顾客维度的业绩指标主要有:顾客满意度、顾客保持率、新顾客获得率、顾客增长率、客户获利能力、市场份额等。除上述核心指标外,还包括能够吸引和保持客户份额的价值观念属性,如产品和服务属性、客户关系、公司形象和声誉等。

3. 内部流程维度

顾客需求的满足和顾客价值的创造,公司财务业绩的提高,以及股东价值最大化的实现,都需要依靠高效而有序的内部经营来支持。企业内部流程以顾客需求为出发点,包括创新、生产经营和售后服务三个具体过程:(1)创新过程主要表现为新市场开拓、新客户培育、新产品新服务的研究与开发、新的生产技术与工艺流程的创立和改进等。永无止境地创新是保证企业在激烈的市场竞争中制胜的法宝。平衡计分卡中用来衡量创新能力的指标主要有投入研发的新产品数、研发费用占销售额的百分比、研发成功并推向市场的新产品数、新产品销售收入占总收入的比例等;(2)生产经营过程是指从接受客户订单到产品(或服务)生产出来并交付客户的过程。这一阶段强调向客户及时、有效、连续地提供产品和服务,一般从时间、质量和成本三个方面衡量生产经营业绩,具体使用的业绩评价指标主要有产品生产周期、单位产品成本、生产能力利用率、产品合格率、按时交货率等;(3)售后服务阶段包括提供担保、修理、安装、技术指导、结算等服务。这一阶段也采用反映时间、质量、成本等方面的指标来衡量业绩,例如,接到客户请求到解决问题的时间、售后服务一次性成功比率、用于售后服务的人力和物力成本等。

4.学习与成长维度

学习与成长维度的业绩评价基于以下认识:企业建立长期的成长和进步必须以持续不断的学习和自身进化为基础,仅仅停留在当前的生产水平和技术状况,是不可能适应持续的全球竞争的。前面财务、顾客和内部流程目标,通常会反映现有的人员、系统和程序的能力与实现突破性业绩所要求的能力之间的巨大差距。为了弥补这些差距,企业必须持续不断地投资于员工培训、信息系统完善和组织程序改进。学习与成长维度应关注三个方面的内容:人员、信息系统和组织程序。这一维度的评价指标主要包括员工人均培训时间、培训费用占销售收入的比例、员工满意度、员工保持率、员工合理化建议数量、信息化管理普及率、信息传递的准确程度和速度、信息了解途径的多样化、员工授权程度、组织流程的合理性等。

当然,平衡计分卡并不只有固定的四个方面,所有对公司战略的成败起着重要作用,且能为公司创造独特的竞争优势的因素,都可以在平衡计分卡中占有一席之地。另外,需要特别强调的是,平衡计分卡并不是各个维度业绩指标的大杂烩,而是根据企业总体战略,由一系列因果链贯穿起来的一个整体,因果链布满了平衡计分卡的各个方面。

三、平衡计分卡的优越性

相对于传统的以财务业绩指标为主导的业绩评价系统,平衡计分卡的创新思维和优越性是显而易见的,主要体现在以下几个方面:

1.平衡计分卡实现了财务指标与非财务指标的有机结合。平衡计分卡克服了传统财务指标评价的局限性,建立起一套涵盖财务、顾客、内部流程、学习与成长等多个维度的财务与非财务相结合的指标体系,对企业的经营业绩和竞争状况进行全面、综合、动态、系统地评价。

2.平衡计分卡强调了各项指标之间的平衡。这些平衡包括战略目标与战术目标、长期目标与短期目标、财务指标与非财务指标、定量指标与定性指标、客观评价与主观评价、滞后指标与领先指标、外部评价与内部评价的平衡。

3.平衡计分卡以因果关系作为业绩指标选择和设计的基础。因果关系分析是联结平衡计分卡的四个维度的纽带,也是选择业绩评价指标的一项基本原则。因果关系链(The cause-and-effect chain)不仅贯穿了平衡计分卡的所有维度,而且在每个维度内部各类指标之间也存在着因果关系。这些因果关系的存在使得平衡计分卡成为一个逻辑严密的统一整体,大大提升了平衡计分卡的理论高度和实践应用价值,也有助于全体管理人员和员工更好地理解他们的行为如何对业绩形成产生影响,从而激发他们的生产经营积极性。

4.平衡计分卡更加注重各种利益关系的平衡。平衡计分卡以公司战略为中心,通过财务、顾客、内部流程、学习与成长等四个方面的多重评价指标揭示了业绩产生的动因,有利于股东利益、顾客、和员工利益的统一、企业内部利益和外部利益的平衡、短期利益与长期发展的协调。因此,不少学者认为,平衡计分卡是一种基于利益相关者的业绩评价体系,克服了传统的股东价值观业绩评价体系的狭隘性。

5.平衡计分卡始终把战略置于中心地位。平衡计分卡将公司较为宏观的使命和经营战略转化为一套有内在联系的、可理解的、可测量的业绩评价指标,使企业的战略目标与具体的经营计划(如年度计划)结合起来,并且更容易为管理人员和全体员工理解和执行,有助于经营战略的贯彻实施和管理控制。平衡计分卡是联系企业战略与年度经营计划的有效桥梁。通过这种桥梁作用,企业可以将各个部门置于企业总体远景与战略之下,而各个部门通过确立自己的一套可行的业绩指标,使平衡计分卡适用于本单位的具体情况。

四、平衡计分卡的局限性

平衡计分卡概念的提出在理论上是一种重大突破,在企业经营业绩评价和战略管理的实践中也充分体现了它的应用价值。但如同任何一种理论观点和管理方法一样,它并不是完美无缺的,也存在一定的自身局限性,主要体现在以下一个方面:

1.平衡计分卡理论最核心的基本假设——因果关系链存在争议。因果关系链被视为是平衡计分卡的理论核心和最具创新性的观念,同时也是平衡计分卡区别于其他业绩评价模式的理论精髓。然而,对于这种因果关系链,卡普兰和诺顿(1996)在使用时并没有给出严格和清晰的定义。Hanne(2000)认为,如果事件X与Y存在因果关系,必须满足下列标准:在时间上X的发生早于Y;观察到X事件意味着必然或很可能在随后能观察到Y事件;X和Y在时间和空间上是相邻的;X和Y在逻辑上是独立的。他对因果关系和逻辑关系的区别进行了分析,认为两个事件之间的关系不可能既是逻辑关系又是因果关系,根据这些分析,他认为平衡计分卡的四个维度之间的因果关系存在问题:一是四个维度的指标处于同一时点上,平衡计分卡缺乏对时滞的考虑,不符合因果关系中的存在时间先后关系的标准,二是各个维度之间在逻辑上不是独立的。因而他认为维系平衡计分卡的不应是一种因果关系,而是一种逻辑关系。

2.平衡计分卡作为管理控制系统本质上是一种自上而下的层级控制系统。Hanne(2000)认为,由于战略目标的逐级分解来自高级管理层,这种自上而下的程序隐含着一个前提假设,即管理层制定的战略规划是正确的,下属部门只能被动地、机械地响应和执行。因此,平衡计分卡的这种控制方式不利于实现上下级之间的双向交流和相互协作,容易成为机械的、官僚的管理控制方式。

3.平衡计分卡对外部利益相关者的关注不够。平衡计分卡从四个维度揭示业绩产生的动因,因而与主要关注财务维度的传统业绩评价系统相比,更加重视股东、顾客和员工之间利益的平衡和统一。但仅仅关注这三个方面是不够的,除了这三类利益相关者,其他利益相关者如债权人、供应商、政府部门、社区、竞争对手等也会影响公司的价值创造,对这些利益关系的协调也需要相应的指标来度量。此外,平衡计分卡对顾客和员工利益的满足仅仅作为实现股东利益的手段,难以真正实现他们之间的利益平衡。

除了上述三个方面,平衡计分卡评价模式的局限在还表现在:有些非财务指标信息难以收集和量化,众多业绩指标之间面临选择和取舍问题,指标数量过多带来的"信息超载"问题,在确定各项业绩指标的权重时难以避免主观判断和认知偏差带来的负面影响(Lipe 和 Salterio,2000)。

第三章 多元化经营、分权管理与业务单元业绩评价

第一节 多元化经营与分权管理

一、多元化经营的含义和动因

企业多元化经营是与专业化经营相对应的经营战略。所谓多元化经营,是指企业在其发展过程中,为了分散经营风险、充分利用企业内部富余的资源而采取的向现有业务领域之外延伸的扩展战略。在企业成长和扩张的过程中,多元化战略已经成为当今国内外企业重要的战略选择。通过对1997年全球100家最大的企业的分析发现,这些企业中有75%实施了多元化战略,对我国上市公司中的105家企业的抽样分析也发现,79%的企业是多元化经营的企业。

关于企业实施多元化经营的动因,南京大学李敬教授认为主要可以归纳为以下几个方面(李敬,2002):

1. 最大限度地利用市场机会,获取最大利润。利润是企业经营永恒的动力,企业对利润的追求是无止境的,当一种业务的经营和发展不能满足企业对利润的追求时,企业便会介入其他业务,通过多元化以获得更大的利润。另外,经济发展过程中产业结构的改变,常常会涌现出一些高利润的行业,这些行业对社会资源有着较大的吸引力,它们促使了一些企业的多元化。

2. 充分合理地利用企业资源能力,发挥企业能力优势。工业企业的多元化经营可以用管理技能和组织能力来解释,一旦企业形成了这些技能和能力,他们总是希望通过向能够发挥其作用的新产品系列和新行业拓展,达到充分利用这些技能和能力的目的(Chandler,1962)。企业在经历了一定时期的发展后,会逐渐积累一定的资源或能

力,这些能力可能蕴藏在企业的技术、生产、管理、营销、组织等各个方面,且各种能力的发展是不平衡的。在专业化单一业务的经营状况下,一些获得较大发展的能力会因为另一些发展不充分的能力的限制而难以获得充分的利用,产生"木桶效应"。这些能力可能会因为各种各样的原因而难以通过市场进行转移,企业因此出现了能力运用不充分的状况。通过多元化经营,能使一部分剩余能力得到较充分的利用,使企业获得更大的收益。

3. 分散企业经营风险,保持企业取得稳定收益。多元化经营能够使企业避免将"所有的鸡蛋放在一个篮子里",通过业务组合分散风险。但是,多元化经营分散风险的能力仍是一个需要进一步研究的问题,多元化业务组合不同于资本市场的多元化组合。

4. 实现企业持续稳定的成长,摆脱某一种产品市场的有限性对企业发展的限制。不同的产业有着不同的生命周期,专业化经营一种业务的企业,其发展将受到单一业务生命周期的影响,企业的持续发展受到限制。通过多元化经营,企业能够在一定程度上摆脱这种限制,从而实现持续的发展。

5. 增强企业竞争实力。多元化经营使企业运作延伸到多个领域,不同的领域使企业培养出不同的能力,企业能力得到增强,在企业并购竞争中处于有利地位。

二、分权管理与事业部制组织形式

第二次世界大战以后,随着科学技术的迅速发展和广泛应用,社会生产力得到了极大的提高。同时,随着公司股份制组织形式的不断完善、资本市场的进一步发展、交通与通信技术的日新月异、世界经济一体化和资本在全球范围内自由流动和进一步集中,世界各国企业规模急剧扩大,企业横向一体化和纵向一体化同时得到发展,一个公司同时生产多种产品、提供多种服务,业务活动拓展多个国家,形成了很多多元化经营和跨国经营的大公司和企业集团。企业集团在实施多元化战略之后,一方面,能够在一定程度上分散企业经营风险、增强市场竞争能力、提高企业赢利能力,但另一方面,进入新的行业或新的市场领域,所面临的市场环境和竞争格局发生了很大变化,企业经营活动和管理控制变得更为复杂和困难。根据钱德勒(1962)的结构跟随战略原理[①],一项战略的实施要求企业组织结构做出相应的调整与变革,企业战略实施的成功与否往往取决于其组织结构是否与战略相适应。实施多元化经营战略的企业管理层为了有效地监控和管理庞大的经济组织,通常以事业部制的分权管理代替原来直线职能式的集权管理。

[①] 钱德勒的结构跟随战略(Chandler's Structure follows strategy)又称"钱德勒命题"。主要是说,企业组织结构不仅具有多样性特征,还具有动态适应性特征。企业的经营战略决定着企业组织结构模式的设计与选择,反过来,企业经营战略的实施过程及效果又受到所采取的组织结构模式的制约。

分权管理是多元化经营企业或大规模集团型企业经常采用的现代管理模式，其基本特征是将决策权在不同层次和不同地区的管理人员之间进行合理的划分，并通过适当的授权，使不同层次的管理人员或经理都能对日常经营管理活动及时地做出有效的决策，以迅速适应市场变化的需要，并据此调动各级管理人员的积极性、主动性和创造力。

实施分权管理主要有以下优点：第一，通过实行分权管理，将日常管理问题交由基层管理人员处理，可以使企业高层管理人员从繁杂的日常经营活动中挣脱出来，将有限的时间和精力集中于对企业发展有重大和长远影响的战略决策问题上。第二，分权管理实质上把决策权适当地下放到比较接近信息源的各个管理层次。每个事业部都有自己的产品和客户，其管理人员能够在授权范围内，根据不断变化的市场环境迅速做出灵活自主的应变决策，避免因层层汇报、延误决策时间而可能造成的损失。第三，通过决策授权，业务单元的管理人员享有较大的战略制定、产品生产与销售计划、资源配置的决策自主权，有机会展现和发挥自己的才能、实现自我价值，这种自主决策带来的责任感和成就感能够充分激发管理人员的积极性、创造力，努力改进经营管理和提高业务单元经营业绩。第四，分权管理有利于公司发现和培养高级管理人才。集权管理体制下每个部门经理只负责某一方面的职能管理，而没有机会从事全面经营管理。分权管理则要求业务单元经理全面负责战略规划和采购、生产、销售、人力资源管理、财务管理等各项管理工作，有利于提高全面管理能力。公司管理层可以从中发掘或有意识地培养出色的业务单元经理担任公司高管。

分权管理的主要表现形式是事业部制。事业部制组织结构（Divisional Structure）也称M型结构（Multidivisional Structure），它把分权管理与独立核算结合在一起，在总公司统一领导下，按产品、地区或顾客（市场）划分经营单元即事业部，各个事业部实行相对的自主经营和独立核算，具有从生产到销售的全部职能。事业部既是受总公司控制下的利润中心，又是产品责任单位和市场责任单位。这种组织结构形式最突出的特点就是"集中决策、分散经营"，即公司集团决策，事业部独立经营。每个事业部建立自己的经营管理机构与队伍，按直线职能式结构设立内部组织。公司总部只设置人事、财务等几个事关全局的职能部门，负责整个公司的重大投资决策和对事业部的监控。事业部制组织结构如图3-1所示。

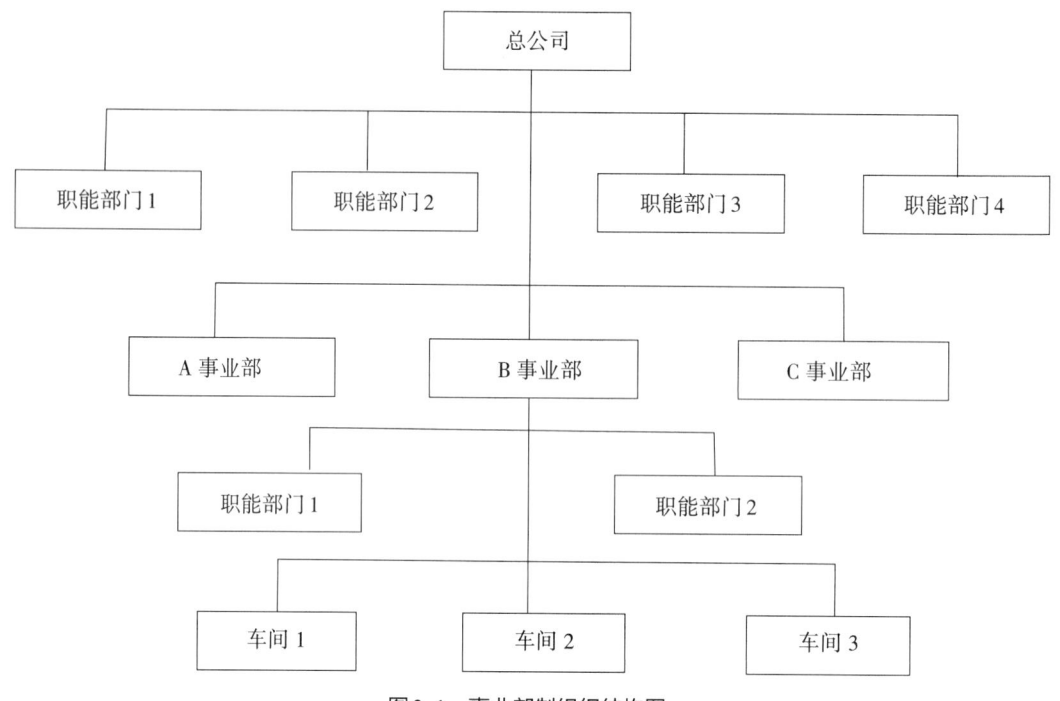

图 3-1　事业部制组织结构图

事业部的种类主要有：(1)按职能划分的事业部。每一管理职能均作为一个独立的部门，负责与该职能相关的一切生产经营活动。其组织结构如图3-2所示。(2)按生产经营项目或产品种类划分的事业部。这是一种在公司经营项目或产品种类较多，且各经营项目或产品都能形成独立市场的情况下所采取的组织形式。每一经营项目或每一产品种类的生产单位作为一个独立的部门，负责有关该产品或该项目的全部生产经营活动，不论其市场是在国内还是国外。其组织结构如图3-3所示。(3)按地区划分的事业部。这是一种在公司产品销售区域很广、工厂分散的情况下所采取的组织形式，每个地区均为一个独立的部门，负责该地区的有关生产经营活动。其组织结构如图3-4所示。

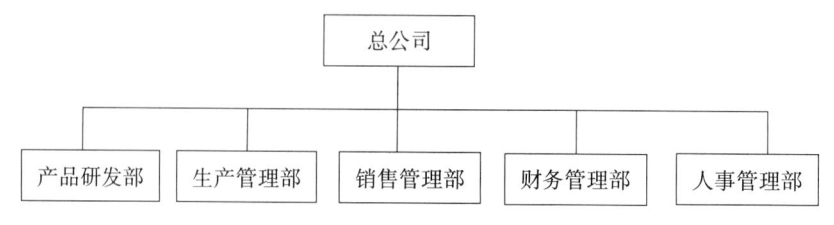

图 3-2　按职能划分的事业部组织结构图

图 3-3 按生产经营项目或产品种类划分的事业部组织结构图

图 3-4 按生产地区划分的事业部组织结构图

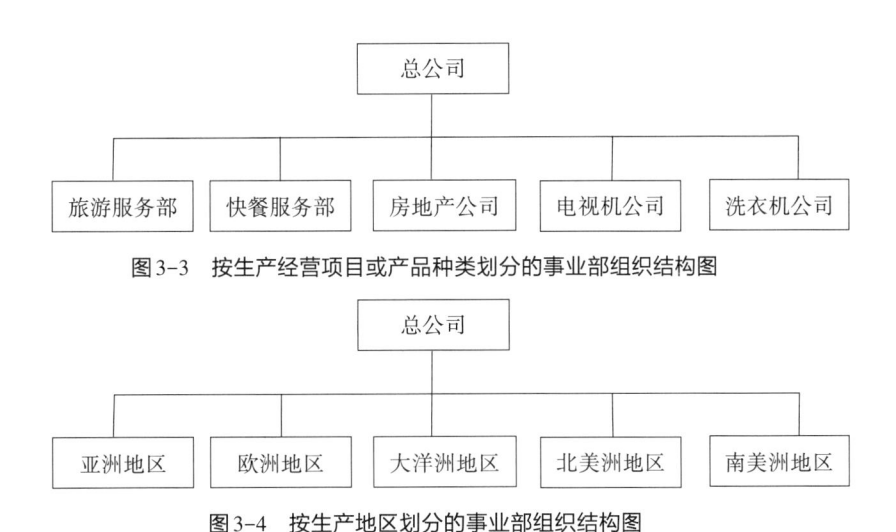

事业部制结构最早起源于 20 世纪 20 年代初,美国的通用公司和日本的松下公司都不约而同地采取了这种制度并获得了成功。事业部制是企业内部管理市场化的结果,它被认为是与多元化经营相适应的组织结构(Chandler,1962)。早在 20 世纪 60 年代,事业部制就已经主宰了各个发达国家多元化大型企业的组织结构安排(Chang 和 Choi,1988)。一系列的实证调查表明,目前英国、德国、法国、丹麦、瑞典等发达国家的大公司,特别是跨国公司所采用的最主要的组织形式就是事业部制(Birkinshaw,1995)。Wrigley 在对《财富》500 强大企业的抽样研究中,发现在随机抽出的 100 家企业中,采用事业部制组织形式的就达到 86%(银温泉,1995)。

第二节 分权管理引发的管理控制问题

一、分权管理加剧了上下级管理人员之间的委托代理问题

随着社会的发展,信息日益成为决定企业经营成功与否的关键因素,及时准确地掌握瞬息万变的市场和产品信息,有助于企业采取更加有效的行为决策,提高经营效益和市场竞争力。分权管理的实质就是把决策权适当下放到比较接近信息源的各个管理层次,因为有关市场和产品的许多重要信息最初往往掌握在这些直接从事生产和销售的管理人员手里,分权管理可以减少信息在上下级之间传递导致的时滞和扭曲,提高决策的及时性和质量。因而,从信息的决策价值来讲,企业高层管理人员和下属管理人员之间的信息不对称程度是决定分权管理程度的一个重要因素。信息不对称程度越高,下属管理人员的信息优势越明显,将相关的决策权从高层经理下放到下属

经理的分权管理模式就越能体现出充分利用决策信息的价值。企业面临的外部环境越不稳定,分权管理程度就要越高,以便对不断变化的市场需求做出快速响应。

分权管理是一把双刃剑,在提高决策有效性和市场竞争能力的同时,也引发了新的委托代理问题,对企业内部的管理控制提出了新的要求。决策授权之后,企业各事业部享有一定的自主决策权,这种安排有利于充分发挥信息的决策价值。但由于各事业部与整个企业之间的目标可能并不完全一致,他们在利用信息进行有关决策时,往往首先考虑自己部门的局部利益,而不是企业的整体利益。信息不对称促进了分权管理,但分权管理反过来加剧了公司高层管理人员与下属管理人员的信息不对称程度,使得委托代理问题更加突出。此外,公司层面和部门层面管理人员的技能差别也是向决策授权的一个重要原因(Jensen 和 Meckling,1992)。公司管理层向部门经理授予决策自主权,是因为部门经理在特定产品或市场领域拥有更多的技能、经验和专长。缺乏相应的知识和专门技能,迫使公司高层管理人员将决策制订、批准和执行的权利授予部门经理,因为他们拥有必要的技术专长。但与此同时,公司高层管理人员对专门技能的缺乏使得他们难以甚至不可能确定被授权的部门经理做出的决策是否正确或最优,使得对部门经理的控制和评价变得更为困难,导致组织运行缺乏效率。

二、业绩评价是解决代理问题的重要手段

经济学家们通常从企业构成出发,将企业视为组成企业的各种利益相关集团之间的相互关系和合约。因此,他们自然而然地从公司和部门层面管理人员之间的正式和非正式合约的角度出发,考察分权部门的管理控制问题。双方达成的合约明确规定部门经营的职责,预期要完成的任务,以及完成(未完成)合约条件的奖励(或处罚)。结果,事后的业绩评价成为这种契约基础企业观下的一个至关重要的控制要素。正是由于事后的业绩衡量的重要性,很多经济学家和会计学家投入大量精力识别"令人满意的"业绩指标的属性。基于代理人的行为或努力不可完全观察,以及期望的结果不能精确衡量这两个假设,经济学家们构建了大量巧妙而复杂的模型,试图总结良好的业绩评价指标所具有的特点。

分权管理的初衷是充分发挥分权部门管理人员的信息优势和技能专长,提高决策和行为的效率和效果。但是,如果公司管理层不对分权部门采取适当的管理控制手段,很难保证这些享有决策权的部门能完全自觉地以公司整体利益作为决策目标和行为出发点。委托代理双方的目标和利益不一致,不可避免地会出现代理人的"逆向选择"和"道德风险",这种增加的代理成本便是分权管理的主要代价之一。由于关于业务单元经理的行动和努力的信息无法及时准确地传递,从而排斥了直接显示原理的有效性,因而设计合理的分权部门事后业绩评价系统,考核分权部门对企业整体利益的贡献,是促进双方目标一致、减少代理成本的有效方法之一。实践中通常是通过合约的形式,让代理方对他的决策产生的贡献负责,即对分权部门采用"独立核算、分享部门利润"的机制,企业和部门达成部门利润分享合约,促使代理人采取与企业整体利益一致的决策。根据代理理论,为了达到激励的目的,激励合约的设计应该让代理人承担一定的经营风险,并且依据分权部门承担的风险程度的高低确定其应该得到的风险补偿。

汤谷良等(2009)认为,多元化经营公司的组织成本分为两种:一种是由于缺乏信息而引发的成本,通常随着决策授权即让有专门知识的下属进行决策而降低,这是分权管理的优势所在;另一种是由于代理而引发的成本,通常又随着权力的下放而增加,体现了分权的不足。在企业信息化程度较低的情况下,为了降低公司和事业部管理人员之间信息不对称需要付出极高的成本,因此公司管理层加权内部管理控制的可行办法,是采取"过程分权"和"结果集中"的权力配置策略,即授予事业部经理制订和执行决策的权利,同时对事业部取得的财务成果进行事后评价。但这种做法可能导致公司管理层面临两种困境:一是难以保证所制订的业绩评价系统和薪酬系统的精确性和科学性;二是只管业绩结果而不问过程,可能会因为下属公司操纵会计利润而导致管理过程损失。提高公司信息化程度,以及借鉴平衡计分卡理念,采用以战略为导向的、融合财务指标和非财务指标的多维业绩评价体系,是多元化企业摆脱上述困境、降低组织成本的两个根本途径。

第三节　企业经营业绩评价的层次性

一、企业经营业绩评价主体的演进

业绩评价的思想随着人类生产活动的产生而产生,并随着人类生产活动的发展而日益丰富,但现代意义上的业绩评价则是随着企业的出现而产生的。使得科学技术的进步、经济的发展以及社会分工的细化,企业的生产经营方式、所面临的经营环境、组织结构形式以及资源配置重点发生了巨大的变化,为改善企业经营管理和保护要素提供者利益服务的企业经营业绩评价,其理论和方法也在不断演进和发展,一个重要的体现是企业业绩评价主体呈现出多元化的趋势。不同的业绩评价主体,其业绩评价的目的和采取的评价方法也有所不同。

1. 一元业绩评价主体时期

在个人业主制和合伙经营的古典企业中,所有权和经营权高度统一,企业投资者同时又是经营管理人员,直接参与企业的生产和管理过程。这个阶段投资者几乎是唯一的业绩评价主体,评价的目的在于了解生产经营活动的效率和企业盈利状况。外部对企业的评价主要来自债权人对企业偿债能力的评价。由于企业的产品品种较少、生产技术和工艺流程比较简单、市场销售相对容易,投资者只需要采取一些简单的成本和产出指标,如每磅成本、每吨毛纱所耗棉花、销售毛利等,就能凭经验对生产进行有效的管理(王化成、刘俊勇,2004)。

2. 二元业绩评价主体时期

从19世纪40年代开始,公司制企业的产生,尤其是股份制形式的不断完善和资本市场的进一步发展,使得企业能够从多个投资者处筹集权益资本。但是在众多的投资者中,只有少量的投资者有动机、精力和能力直接从事企业的经营管理活动,由此形成了外部股东与内部股东,或中小股东和掌握控制权的大股东之间的委托代理关系。与此同时,企业规模的迅速扩张增加了企业经营管理的复杂程度,往往需要聘请具有管理专长和经验的职业经理人来管理企业,进一步加剧了所有权和经营权的分离,形成了业绩评价主体的二元格局,即外部投资者对企业管理层的业绩评价,以及企业管理层的内部经营业绩评价。就外部业绩评价来说,由于投资者和经营者之间的信息不对称和目标不一致,道德风险和逆向选择的发生不可避免,于是作为委托人的投资者便设计了一套激励约束机制来引导经营者为投资者的利益最大化而努力。但代理人的行为决策合理性和努力程度往往不可直接观察,对经营者的业绩评价是判断经营者的经营能力、管理努力和受托责任履行情况的重要手段,并借以了解企业的盈利水平和价值变化、资本保值增值情况和经营前景,做出有关对经营者奖惩、任免和资本投资方面的决策。以经营者为主体的内部经营业绩评价,目的在于掌握和考察生产经营活动的效率和效果,总结成绩和优势,发现问题和差距,并在分析和寻找原因的基础上及时采取措施,实现企业经营管理的改善和业绩的提升。此外,公司管理层对各部门和员工的业绩评价,实际上是将企业的战略和目标层层分解,转化为部门和员工可理解的指标和应达到的要求,引导他们采取企业所期望的行为,保证企业经营战略的贯彻执行和业绩目标的实现。

3. 业绩评价主体的多元化时期

随着人们对企业本质认识的逐渐深入和企业组织结构的演变,业绩评价进入主体多元化时期,不仅表现为外部评价主体的多元化,而且表现为内部评价主体的多层次性。

(1) 外部业绩评价主体的多元化

随着企业内外部经济环境的变化和人们对企业本质研究的不断深入,越来越多的人将企业看成是一系列契约的结合,并在20世纪80年代形成了利益相关者理论,该理论认为:股东不是企业风险的唯一承担者,企业的员工和顾客等利益相关者同样向企业投入了专用型资源,他们在企业的价值创造中发挥着越来越重要的作用。因此,企业不单纯是为资本所有者谋利益,而是要为包括股东、债权人、企业内部经营者、雇员、顾客、供应商等在内的利益相关者谋利益。按照这种逻辑构建的外部业绩评价体系,评价主体应扩展到包括股东、债权人、管理者、员工、供应商、消费者、政府在内的众多利益相关者(Clarkson,1995)。

企业外部业绩评价主体的多元化既有内在原因也有外在原因。从内在原因来说,主要是利益相关者都在企业中投入了专用型资产,对企业的价值创造做出了贡献。资产专用型这一概念来自交易成本经济学,它是指资源在用于特定用途以后,很难再移作他用的性质(杨瑞龙,1996)。尽管不同利益相关者投入的资产性质不同,在企业价值创造中的作用不同,资产专用性程度的高低也存在差异,但资产的投资收益情况受到企业行为的影响。为了维护专用性资产的保值增值,利益相关者有内在的动机去评价企业的经营业绩。从外在原因来说,一方面,不仅科学技术进步和企业生产方式、组织结构的变革,使得资金来源更加广泛、生产规模不断扩大、生产经营活动的范围和竞争的领域和地域进一步拓展,而且随着经济全球化的发展,生产要素跨国界自由流动并在全球范围内得到优化配置,企业与整个社会的关系越来越紧密、经营活动的影响范围越来越大。这样,不仅投资者、债权人等财务资本投入者的利益受到影响,政府部门、企业员工、供应商、购买者甚至社区的利益也直接受到企业经营决策和行为的影响,各利益相关者有动机从不同的角度评价企业的经营业绩,约束企业的经营行为,使自己的权益得到保护。另一方面,自20世纪90年代以来,人类社会逐步进入知识经济和信息时代,企业员工的知识技能、创造意识和积极性成为企业取得长期竞争优势的关键,此外,企业能否满足顾客的需求、保护消费者权益、树立良好的企业形象、形成与供应商的长期合作,能否得到政府部门和社区的认同和支持,也在不同程度上影响企业的生存发展。因此,无论企业还是这些利益相关者,都有动力去关注和评价企业在相关者利益保护和创造方面的业绩。

(2) 内部业绩评价主体的多层次性

外部业绩评价的产生动因是企业外部利益相关者为保护自己的合法权益不受侵犯而产生的信息需要,业绩评价是解决委托代理双方利益不一致、降低信息不对称和减少交易成本的有效手段。内部业绩评价则不同,它直接与企业生产经营活动相联系并服务于企业管理的需要(朱翠贞,2004),目的在于提高经营者决策行为的有效性和资源配置效率。社会分工的存在是企业内部设立不同业务部门和职能机构的基础,企业经营规模的扩大和经营范围的拓展,不仅增加了企业的管理层级和部门数量,而且在实施多元化经营的企业中采用了基于分权管理的事业部制组织形式,每个事业部具有较大的自主决策权和相对完整的职能机构。分权管理的要求形成了各级管理者之间多级的委托代理关系,下级管理者对其上级承担受托经济责任。因此,多元化企业的内部业绩评价主体呈现出多层次的特征:第一个层次是包括董事会在内的企业最高管理层对企业整体的经营业绩评价,企业大股东或董事会对高层经理管理者的评价也属于这一层次;第二个层次是多元化企业的管理层对具有较大自主经营决策权的业务单元的业绩评价;第三个层次是单个企业经理或业务单元经理对内部各级部门的业绩评价;第四个层次是各部门经理对普通员工个人的业绩评价。

二、多元化企业分层经营业绩评价体系的构建

王化成(2004)认为,按照评价主体与企业的关系,可将业绩评价分为外部评价和内部评价。外部评价主体包括政府有关部门、投资者、债权人、社会公众、消费者等。内部评价主体包括经营者、部门经理、员工等。根据前文对业绩评价的主体分析和层次划分,可以构建多元化企业的分层业绩评价体系,其中第一个层次是企业各利益相关者的外部业绩评价,第二到第五层次与前面企业内部业绩评价的四个层次相对应,其中第二层次是企业整体的业绩评价,第三、四层次属于针对内部组织单元的业绩评价,第五层次属于对个人的评价。每个层次由于评价的主体、对象和目标不同,业绩评价的内容和采用的方法也存在着很大的差异。下面分别对每一层次的业绩评价内容和方法加以简要阐述。

1.企业利益相关者的外部业绩评价

利益相关者向企业投入资源,但不实际参与内部经营管理过程,因此需要评价企业使用这些资源的有效性和投入资源的保值增值情况。外部评价的对象企业整体的价值、贡献和经营业绩,其信息来源主要是定期的企业财务报告,因此,基本上采用综合财务指标进行评价。

不同利益相关者对企业受托管理其投入资源的期望不同,因而他们之间业绩评价的目标、内容和评价方法也有所不同。例如,潜在和现有的投资者关心的是企业的盈利能力、资本保值增值能力和未来发展前景,使用的业绩指标主要有利润、投资报酬率、经济附加值(EVA)、资产增长率等;债权人关心的是主要企业的还本付息能力,如

资产负债率、流动比率、速动比率等；政府部门为完成其管理社会的职能，非常关注企业上缴利税的能力，以及企业所提供的就业机会、职工的社会福利、环境保护状况等方面的情况，使用的评价指标有社会贡献率、社会积累率、人均利税率等。

考虑到关于利益相关者对企业的外部业绩评价的理论和方法的研究已经相当成熟，研究成果众多，且本书的研究重点是内部经营业绩评价，因而关于外部业绩评价的论述不打算详细展开。

1999年由财政部等四部委联合颁布实施的《国有资本金绩效评价规则》和《国有资本金绩效评价操作细则》，是站在资本投资者和政府管理部门双重角度对企业整体的经营业绩评价方法。评价的对象是国有独资企业和国家控股企业，评价指标由反映企业财务效益状况、资产营运状况、偿债能力状况和发展能力状况四方面内容的基本指标、修正指标和评议指标三个层次共32项指标构成。其中8个基本指标和16个修正指标属于财务指标，另外还采用8个非财务指标，在综合评分时占20%的权重。初步形成了财务指标与非财务指标相结合的业绩评价体系。

2.企业最高管理层对企业整体的经营业绩评价

企业最高管理层包括负责企业重大经营决策、指挥和监控高级管理人员的董事会，以及执行董事会决策、管理日常生产经营活动的高级管理人员。值得注意的是，大部分的企业管理专著文献都是将股东视为一个整体，视为处于信息劣势地位的外部利益相关者。但在实际经济环境中，大股东往往控制管理层而成为企业内部人，已经从外部信息需求者退化成内部信息的生产者（袁小勇，2006），所以大股东对于企业的评价应具有内部评价的特点。而中小股东和潜在投资者一样，往往只能从外部人的角度，使用上市公司公开披露的信息来评价公司的经营业绩，通过"用脚投票"的方式行使其权利（谢德仁，2001）。

最高管理层的业绩评价主要包括三个方面。首先，企业最高管理层受托管理各种利益相关者投入企业的资源，必须重视利益相关者对企业实现经营目标的影响和利益要求，站在股东、债权人、供应商、消费者、员工、政府管理部门、社区等外部评价主体的角度，评价企业的价值、贡献、盈利能力、发展前景，以及各种资源的保值增值情况。这方面评价的内容包括顾客满意度、盈利能力、投资报酬率、员工满意度、对社区的贡献等方面；第二，最高管理层为了提高决策有效性、加强经营活动的管理控制、提高市场竞争能力、实现盈利目标而进行经营业绩评价，评价的内容包括销售增长率、销售毛利、新产品开发能力、市场占有率、盈利能力、成本费用、预算差异等；第三，对高级管理人员的评价也是该层次业绩评价的重要内容。将高级管理人员的绩效与企业的经营业绩结合起来，有助于激励他们的个人利益与企业经营目标统一起来，为企业的长期发展努力工作。对高级管理人员的业绩评价应从三个方面展开，即组织能力、经营能力和创新能力。

由于企业最高管理层直接从事企业的生产经营活动，因此评价的信息来源除了定期的财务报告信息，还包括与各项经营活动和行为密切相关的信息，这些信息很多是非财务信息，并且在提供周期上不受会计分期的限制。因此，在经营业绩评价时，不仅要使用综合性的、反映当前财务业绩的财务指标，也要使用及时的、直接反映各项经营活动过程和结果的、推动未来财务业绩增长的非财务指标。可以借鉴卡普兰教授提出的平衡计分卡的原理和方法，从财务、顾客、内部流程、学习与成长四个维度来考察企业业绩。

3. 企业经理对业务单元的业绩评价

企业战略决定组织结构，而企业有什么样的组织结构形式，决定了企业内部多层级的委托代理关系的具体形式。多元化企业对各个业务单元实行分权管理，每个业务单元一方面必须遵循企业的整体战略框架，另一方面具有较大的决策自主权，可以制定自己的战略目标和经营决策，并对经营业绩负主要责任。可以将多元化企业看成一个由一个个业务单元组成的企业集团，企业整体经营业绩的好坏建立在各业务单元经营业绩的基础之上，企业战略目标的实现也有赖于各业务单元的战略执行情况。此外，业务单元直接面向市场，与顾客、供应商、社区、政府管理部门进行密切的经济交往，同样需要考虑这些利益相关者的利益以得到他们的支持和协作，各个业务单元充分履行投入资源管理的受托责任是整个企业完成受托责任的基础。

由于多元化企业的业务单元在性质上与单个企业十分相似，因此企业经理对业务单元的经营业绩评价可以参考高层管理人员对企业整体的业绩评价方法，结合企业整体战略和业务单元自身的经营战略编制业务单元层面的平衡计分卡，采用多维度的、财务与非财务结合的业绩评价指标。

4. 单个企业经理或业务单元经理对直线和职能部门的业绩评价

多元化企业中的业务单元和单个企业一样，具有相对完整的生产经营机构和人员，其内部组织有直线部门和职能部门之分。这些部门在拥有与其业务内容和活动领域相适应的管理权限的同时，也对其生产经营管理的有效性承担经济责任，形成各个责任中心。因此，可以按照责任会计的方法评价业务单元内部直线和职能部门的业绩，根据其职责范围和业务活动特点划分为标准成本中心、收入中心、酌量性费用中心、利润中心和投资中心，分别确定相应的评价指标和评价方法。

5.生产管理部门管理人员对员工个人的业绩评价

对员工个人的业绩评价,属于人力资源管理的范畴,其着重考察员工从事某一具体活动的效率,基本上采用非财务指标进行评价,如完工产品数量、产品合格率、单位产品材料耗用量等。

第四节　业务单元业绩评价:现状和意义

一、业务单元的概念界定

关于业务单元的概念,目前尚没有标准的、公认的界定,本书将业务单元定义为在实行分权管理的多元化企业中,具有较高的自主经营决策权、实行独立经济核算的子公司、分公司、事业部和战略经营单元(Strategic Business Unit)。业务单元直接面向市场和消费者,经营某一方面的、某一领域和某一地域的产品和服务,具有从原材料购买、产品生产和销售的全部职能,以及完整的内部职能组织和经营管理队伍。业务单元不仅要执行企业整体的经营战略,而且需要根据市场竞争情况、消费者需求变化以及单元本身的资源状况制定业务单元的经营战略的目标。业务单元能够控制影响利润的大多数因素,是实行相对独立经济核算的利润中心,并且根据它对公司整体的业绩贡献分享应有的经济利益。

二、业务单元业绩评价的现状

前文所述的五个经营业绩评价层次中,利益相关者的外部评价和公司最高管理层的评价属于企业整体业绩评价,对员工的评价属于个人业绩评价,第三和第四层次属于对企业内部组织部门的业绩评价。

目前关于经营业绩评价的理论研究大都集中于企业整体经营业绩和员工个人业绩的评价,而忽视对企业内部各组织部门,尤其是多元化企业中的业务单元的业绩评价。

就目前来说,对于业务单元业绩评价的研究大大滞后于对企业整体的业绩评价和员工个人业绩评价。尽管在现代经营业绩评价发展的早期,正是企业集团对业务单元加强管理控制的需要推动了业绩评价理论和实践的大发展。美国的企业集团兴起于19世纪末20世纪初,企业集团从开始就遇到如何将大规模、多行业、多品种、多层级、多活动的集团经营协调一致,围绕着一个共同的目标而运作,即所谓整合的问题(Integration)的问题,导致了杜邦和通用的业绩评价模式的产生,以及后来的经济增加值和平衡计分卡评价模式的出现。但是,随着股份制公司的进一步发展和资本市场的日益发达,企业所有权和经营权进一步分离,所有者和经营者之间的委托代理问题更加突出,如何完善公司治理、促使企业经理人员为股东的利益最大化而努力成为资本市场和经济学家关注的焦点,为激励和约束经理人员行为、有效解决委托代理问题服务的企业整体业绩评价更加受到重视。此外,利益相关者理念的兴起并得到人们的广泛接受,也使企业认识到实现利益相关者的价值最大化对于企业生存发展的重要性。在这种情况下,企业管理层的注意力主要集中于企业整体业绩评价,以便较好地履行各种资源的受托管理责任,而对业务单元的管理控制和业绩评价改进的重视程度则相对不足。对业务单元以及内部职能部门的业绩评价,通常根据其经营活动的范围、权限以及所承担的责任,划分为各类责任中心进行业绩评价,通常依据财务业绩指标的完成情况评价部门业绩,并与激励措施结合起来调动部门和员工的积极性。但对这种财务指标的过度使用容易造成部门目标与公司整体战略的脱节,部门为实现自身业绩的最大化而破坏企业整体利益。此外,国内外会计学术研究偏好和该领域的研究难度也制约了业务单元业绩评价研究的进步。无论在国内还是国外,关于上市公司治理和资本市场中会计问题方面的优秀专著更有可能发表在顶级期刊上,同时研究管理会计问题尤其是业务单元的业绩评价,需要从企业内部获得资料并对企业生产经营活动一定的了解,加大了开展研究的难度,使很多研究者望而却步、不敢涉足。随着人力资源日益成为企业生存、发展、获利和获得长期竞争优势的关键要素,加强人力资源管理的重要性日益凸显,人们对员工招聘、培训、开发、合理配置方面的研究方兴未艾,加强对员工的绩效评价是提高员工的行为效率、激发员工生产积极性和创造力的重要手段,因而对该领域的研究也得到了广泛的重视,取得了良好的进展,这从教育部设有单独的人力资源管理专业也可见一斑。

三、业务单元业绩评价的意义

总结业绩评价相关文献可以看出,当前学术界关于企业经营业绩评价的研究,基本上是针对企业整体和员工个人两个层次。两者在各自的范围内发挥作用,对于企业经营绩效的提高做出了巨大的贡献,但这种二层次业绩评价体系有其本身的缺陷,无法从根本上达到提高企业经营业绩的目的。

企业整体业绩评价注重企业整体,但只停留在企业表面而没有深入到企业的内部组织层次。由于多元化企业的战略和经营目标都是通过各个业务单元以及各级职能部门的实施来实现的,仅仅对企业整体进行业绩评价,就不能具体考察各个业务单元在战略执行方面取得的成绩、存在的问题和不足,也无法判断企业整体战略的制定和向业务单元的分解细化是否合理,不利于企业战略的正确制定和修正调整,也不利于战略的有效实施。这样,很多潜在的经营管理问题不能被及时发现,也无法采取有针对性的措施及时解决,这些问题的继续存在导致企业不能从根本上保证企业业绩的提高和经营目标的实现。对企业整体绩效进行评价,对外部利益相关者而言也许是足够的,但对于企业管理层而言,只有企业整体绩效管理是不全面和不完善的。

但是,仅有员工个人绩效评价而没有对包括业务单元在内的内部组织部门的业绩评价,也是不够的。如果没有将员工绩效评价与内部组织部门的战略、任务和目标结合起来,对员工进行绩效评价就会缺乏整体观、凝聚力、指导性和协调性,员工绩效管理失去了系统性所具备的优势,无法避免员工为追求个人绩效最大化,而采取损害组织单元甚至企业整体利益的行为,并造成员工之间的矛盾和冲突。

多元化企业对业务单元实行业绩评价具有重要意义,它在企业整体业绩评价和员工业绩评价之间起到了桥梁作用。根据系统论的观点,任何实体都可以被视为一个由"组件"构成的系统,系统的整体功能取决于系统各部分的功能和有子系统构成的整体结构(西蒙,1962)。从多元化企业的整体角度出发,设置各种业务单元是为了更好地完成企业的经营任务和战略目标。企业的整体业绩是建立在企业不同类型、不同层次组织单元业绩的基础之上的,是企业内各组织单元绩效的有效集成(王勇、许庆瑞,2001),而企业内部各组织单元绩效又是其所属员工及其资源绩效的集成和表现。企业整体的战略目标要向业务单元分解才能实现,企业整体业绩评价对业务单元业绩评价起着指导作用,指明了业务单元业绩评价的方向。另一方面,业务单元业绩评价有助于企业整体绩效的提高,因为企业可以在此过程中发现业务单元执行企业战略中存在的问题,以及企业自身和业务单元在战略制定方面、系统结构安排和运行机制方面存在的不足,并加以改进。业务单元业绩评价也是向各职能部门和员工传递企业层面和业务单元自身战略的过程,是连接企业和员工的桥梁,起到信息传递的作用,使员工清楚自己在整个企业战略中的位置和具体分工,从而采取企业和业务单元所期望的行动,促进企业和业务单元经营目标的实现。

第五节 业务单元业绩评价与战略的结合

一、传统的业务单元业绩评价模式的不足

长期以来,多元化公司或企业集团采用责任会计制度对业务单元进行业绩评价。

公司根据各责任单位的功能定位和职责权限,将其划分为成本中心、利润中心和投资中心,及时记录和定期考核评价各责任中心的工作业绩,并将业绩考核结果与责任中心管理人员的财务报酬紧密结合起来。其中,本书的业务单元相当于利润中心。在企业经营环境相对稳定、管理强调生产成本和内部效率的情况下,这种业绩评价模式对于统一业务单元与企业整体的利益目标、提高业务单元管理人员的积极性,产生了较好的效果。但是随着市场竞争的日趋激烈和经营环境的复杂多变,许多企业采用先进的生产制造技术和管理手段来满足多样化的顾客需求,在创造顾客价值的同时提高企业的经营绩效。在这种情况下,基于责任会计的业务单元业绩评价模式的局限性日益显现出来,主要表现为:

1. 单一的财务评价指标无法反映业务单元全面发展的要求

责任会计制度评价利润中心业绩所使用的利润指标是一种财务指标,这从利润中心的名称就可见一斑。在当前复杂多变的经营环境中,业务单元提高盈利能力的关键在于能否满足顾客的需求,以及协调各方相关者的利益以取得广泛支持,时间、质量、效率成为竞争的基础。因此,业务单元的经营业绩不仅体现在财务成果,而且综合反映在产品创新、成本效率、管理制度、品牌效应、企业形象等各个方面。任何一个单一的业绩衡量标准都不可能全面反映业务单元的竞争优势、经营绩效和未来发展趋势。

2. 容易造成业务单元的短期行为和利益冲突

责任会计制度对利润中心通常采用比较单一的责任考核指标,不仅无法全面、客观地评价业务单元的经营业绩,而且容易导致业务单元的短期行为和利益冲突,片面追求单一利润指标业绩而忽视企业整体和其他业务单元的利益。如为了提高短期利润而忽视新产品研发、人力资源培训、利益相关者关系协调、产品质量改进、售后服务等,这些都是以牺牲业务单元的长期利益和公司的整体利益为代价的。

3. 责任会计没有与公司的战略目标衔接起来

利润中心的责任目标虽然简明易懂,但没有与公司整体的战略目标衔接起来。尽管国内外大多数多元化公司或企业集团都制定了总体发展战略,但由于采用了基于责任会计的业绩评价体系,未能通过一整套明确的、可操作的指标体系向各业务单元传递战略目标和要求。因此,业务单元往往不了解公司的战略意图,以及自身业绩与公司战略目标实现之间的联系,使得公司的整体战略得不到有效的贯彻与实施。

二、构建基于战略的业务单元业绩评价体系

以战略为中心是当代国际范围内企业管理的基本特征,因此,企业的一切工作和所有管理活动均应根据战略要求进行组织调整,业务单元业绩评价系统的构建也不例外。

按照战略设计业绩评价系统，从根本上要解决三个问题。一是如何将战略转化为可操作的业绩指标或者说每个组织成员的日常工作；二是如何将财务指标与非财务指标结合起来；三是如何将业绩评价指标与奖惩制度结合起来。卡普兰教授有关组织战略和平衡计分卡的研究成果，为这些问题的解决提供了思路。构建基于战略的业务单元业绩评价包括以下几个基本步骤：

1. 制定经营战略

战略制定起始于战略分析，战略分析通常采用的方法是SWOT分析（优势、劣势、机会和威胁分析）。即对企业生存的外部环境进行扫描，发现外部存在的各种机遇和挑战。同时，又要对内部条件进行分析，了解自身的优势和劣势，并根据对内外部环境的分析结果，确定企业的经营领域、战略任务和战略目标。

多元化企业集团由不同的业务单元组成，这些业务单元经营不同的产品或服务，在不同的行业和市场领域进行竞争，拥有不同的客户，面临不同的市场机会和威胁，因此需要在公司总体经营战略的框架内制定业务单元自己的经营战略。这种经营战略主要是指如何在所经营的市场领域开展竞争、取得竞争优势的竞争战略，可供选择的竞争战略有成本领先、差异化和目标集聚三种类型。在这种情况下，公司层级的战略应明确以下两个基本要素：(1)公司主题。公司主题反映公司形象的价值、信誉和理念，必须由所有的业务单元共享；(2)公司作用。多元化公司在制定战略时，必须让这些业务单元通过协同效应为整体公司增加价值，使得一个公司整体的价值高于所有部分的价值之和。成功的业务单元经营战略通常侧重于公司核心能力和竞争优势，并确保公司整体战略目标的实现。

2. 运用战略地图描述战略

业务单元经营战略确定以后，还必须将战略目标清晰地描述出来，完成这一步骤的重要手段是绘制战略地图。战略地图以图示的形式，直观地将业务单元重要的战略目标以及他们之间的因果关系以一种明确的逻辑关系清晰地呈现出来，显示驱动因素和理想结果之间的关联，使得管理人员可以用一种更加连贯、完整和系统的方式来审视战略制定是否合理，以及战略目标如何实现。业务单元应该在战略地图形成以后才能将战略目标转化为业绩指标，否则容易造成指标与战略的脱节。

3. 将战略转化为具体的、可操作的业绩指标体系

在对战略制定和清晰描述的基础上，就需要利用平衡计分卡工具，把业务单元战略转化为阶段性的、具体的、可操作的业绩指标体系，便于全体员工了解战略和实施战略，将业绩评价融入战略管理全过程。

哈佛大学罗伯特·A·安东尼教授指出,对于单一行业经营的公司来说,平衡计分卡应该在公司层面制定,然后一层一层地传递到职能部门或更低层次。但对于多元化经营的公司来说,实施平衡计分卡最理想的层面是战略业务单元,因为其经营活动覆盖率产品研发、生产、销售等整个价值链过程,拥有自己的产品、客户和营销渠道,更重要的是它拥有自己的一个定义完整的战略。

4.评价战略经营业绩

为了评价业务单元的经营业绩和战略执行情况,需要为各项业绩指标规定具体定义、计算公式、指标分值、指标权重、阶段目标值和最终目标值、信息收集方法、衡量周期等各项指标要素,并从各种途径及时收集相关信息,计算各项指标的实际值、超过或低于目标值的百分比、阶段性和定期指标得分,最终得到加权平均业绩综合分值。并将业绩评价结果与业务单元成员的奖惩制度结合起来,引导全体成员采取目标一致的行为、改进经营管理措施,促进战略的有效实施和经营业绩的提高。

在业务单元业绩评价体系中,业绩评价指标作为经营业绩的内容体现和信息载体,是整个评价体系的核心要素。因此,研究业务单元业绩评价过程中多重业绩指标的应用问题,具有很强的理论和现实意义。鉴于此,本书在第三章构建基于战略的业务单元业绩评价体系的基础上,在接下来的第四至第七章详细探讨和研究了多元化企业在对业务单元进行业绩评价的过程中,与多重业绩指标应用相关的几个重要问题,具体内容包括:基于战略的业务单元业绩评价指标设计和选择;业务单元战略、业绩指标使用与财务业绩相关性实证研究;顾客满意度与财务业绩的相关性研究——产品竞争程度的调节作用,多业务业绩评价中公司高管认知偏差——平衡计分卡实验研究的证据。其中,第四章主要采用规范研究,后面三章则采用实证研究方法,从数据库、中介机构、调查问卷、模拟实验等多种途径获得数据进行统计分析,以探索事物发展的规律、事物之间的相互关联以及解决问题的有效措施。

第四章 基于战略的业务单元业绩评价指标设计

第一节 基于战略的业绩指标体系设计原则

在任何业绩评价体系中,评价指标由于是评价目标和评价内容的载体而处于中心地位。企业战略目标、战略实施的内容和要求,以及相关的关键成功因素的量化,都需要通过指标来体现,而评价业务单元经营业绩的好差也需要通过指标来反映。因此,如何设计科学、合理的业绩评价指标体系,是基于战略的业务单元业绩评价体系的重要问题。

在业绩评价的理论研究和管理实践中,已经开发出很多各种业绩评价指标,而每一个指标均有其特定的产生背景和适用范围,具有各自的优点和不足,不同业绩评价对象和目标需要使用不同的指标组合。因此,企业在选择和设计指标以构建业绩评价体系时,应当遵循一定的原则,使业绩指标更好地为企业和业务单元的战略管理服务。

1.战略相关原则

这一原则包括两层含义,一是业绩评价指标体系的设计和选择应以经营战略为依据,随着战略的改变而改变,有助于公司战略目标向业务单元,以及业务单元战略目标向所有部门和员工的传递和理解,这也是权变管理思想在业绩评价体系中的具体体系;二是所设计和选择的指标应当能够全面反映战略管理的情况,向公司和业务单元提供战略实施的各个环节、各个方面活动的效率、效果和战略目标完成程度的反馈信息,为发现关键活动存在的问题、改进战略管理水平、提升企业价值提供支持。

2.适应性原则

企业和业务单元所处的行业背景、企业生命周期阶段、市场竞争程度,以及企业经营理念、内外部资源优势和劣势,都会对他们选择何种基本竞争战略产生影响。并且当这些影响战略选择的因素发生变动时,企业和业务单元的经营目标和竞争战略也会发生变化。因此,没有固定的指标体系模式能适应所有的情形,业绩指标的选择、指标权重的确定、指标体系的设计和结构都必须适应经营环境的变化和战略方案的调整。

3.能被执行者理解并接受

指标的含义必须清楚明晰、可以理解,指标中不存在模棱两可、易被误解的内容,指标的设计和选择不至于为了提高企业层面经营业绩而损害业务层面的利益。这样,所使用的业绩评价指标才能被业务单元及其下属各部门和员工理解和接受,而不至于因为理解偏差而采取有损于企业利益的行为,或因为利益冲突而对有助于企业整体业绩提高的项目消极作为。

4.全面均衡原则

任何单一的指标都有其局限性,不可能全面反映被评价对象所有经营活动的业绩信息,也无法充分地反映经营战略的全面要求,因此需要使用多种业绩指标,并且形成一个有机整体。具体包括财务指标与非财务指标相结合、内部指标与外部指标相结合、过程指标和结果指标相结合。

5.重要性原则

从理论上讲,使用的业绩评价指标越多,越能够更加详细地传递战略目标和要求,提供更加全面的关于各项生产经营活动的信息,更好地发挥业绩评价体系的作用。但事实上过多的评价指标容易分散管理人员的注意力,不能将有限的资源和精力集中到关键的业绩驱动因素上面,面面俱到的业绩指标体系反而让管理者感到无所适从、缺乏可操作性。但使用的业绩指标过少,可能无法完整反映业务单元的所有重要业绩驱动因素。因此在设计评价指标体系时,不仅要尽可能全面地反映战略要求和重要驱动因素,还应当注意控制指标的数量,并且有所侧重。

6.能引导一致性的行为

指标体系只有能够引导和鼓励一致的行为才能保证战略目标的实现。因此在设计指标体系时,必须防止两种倾向,一是该指标体系是否可能引导企业不期望的行为,如过分强调财务业绩指标可能导致业务单元管理人员为追求当前财务业绩,而忽视长期竞争能力的培育,二是指标之间是否存在冲突,如果一个指标业绩的提高需要以降低另一个指标的业绩为代价,将会导致业务单元内部不同行为主体之间的利益冲突和行为不一致。

第二节　业务单元的战略分类

一、战略概念和战略层次

1.战略与企业战略的定义

"战略"一词源于军事术语,是指筹划指导战争的方略。我国《辞海》中对战略一词的解释是:"军事名词。对战争全局的筹划与指导,是依据国际、国内形势和敌对双方政治、经济、军事、科学技术和地理等因素确定的"(辞海,1989)。在英语中,"战略"一词为strategy,它来源于希腊语的strategos,其含义是"将军指挥军队的艺术",也是一个与军事有关的词。《韦氏新国际英语大词典》(第3版)将战略定义为"军事指挥与克敌制胜的科学与艺术"。《简明不列颠百科全书》称战略是"在战争中利用军事手段达到战争目的的科学和艺术"。

随着人类社会实践的发展,"战略"这一概念逐渐被引申到军事以外的领域,包括政治、经济、科技、社会发展等,于是出现了经济增长战略,可持续发展战略、科教兴国战略等概念,"战略"的含义演变为"泛指重大的、长远的、全局性或决定全局的谋划"。当人们把军事战略思想运用到企业管理之中,就产生了企业战略。企业战略的产生有其历史必然性,20世纪60年代以来,科学技术的快速发展推动了经济发展水平和产品生产效率的极大提高,欧美国家卖方市场逐渐转变为买方市场,国际市场的进一步开放、交通通信技术的日新月异,以及企业经营规模不断扩大、形成多元化和跨国经营格局,使得国内外企业之间的竞争日益激烈,企业内外部经营环境更加复杂多变,企业决策风险和发展不确定性增大。残酷的现实使企业管理者认识到,只注重企业内部资源的利用而不考虑外界环境的影响,只追求短期利益而忽视筹划未来,只满足具体业务的有效管理而不关心总体战略,企业就很难适应外界环境的变化而保持稳定的成长,甚至会遭受灭顶之灾。必须要有一个纵观全局、经系统考虑、具有前瞻性的打算和安排来指导企业以后的发展道路,于是企业战略的概念被提了出来。

安索夫在1965年出版的《公司战略》一书中首次提出了"企业战略"这一概念,并将战略定义为"一个组织打算如何去实现其目标和使命,包括各种方案的拟定和评价,以及最终将要实施的方案。""战略"一词随后成为管理学的一个重要术语,在理论和实践中得到了广泛的运用:通用电气公司在1971年首先编制出战略规划;哈佛商学院的教授波特(Michael E. Porter)出版的《竞争战略》一书,被企业界奉为必读的"圣经";日本企业不甘落后,索尼有"驯马战略",丰田有"反思战略",松下有"集优战略",等等。制定和实施正确的战略,已被看作是企业成功的关键。

关于什么是企业战略,理论界对此有不同的解释,如拜亚斯(Lloyd L. Byars)认为战略包括对实现组织目标和使命的各种方案的拟定、评价和选优,格鲁克(Willian F. Glueck)将战略定义为计划,贝茨(Donald L. Bates)和艾德雷奇(David L. Eldredge)认为,战略是组织投入其资源、实现其目标的指导哲学。多数学者对企业战略的定义是:企业根据外部环境和内部资源条件,对企业发展目标及实现目标的途径和手段的总体谋划。

国内外管理会计学者对企业战略概念的认识存在一些差异。国内学者更多的是从指导思想或方针的角度,将战略理解为企业组织所做出的全局性的、长远的发展规划(余绪缨,2000);而国外学者则更多的是从业务或经营职能的角度定义企业战略,将战略看作是对企业使命和长远发展目标的具体描述和量化,其实质是通过合理的资源配置和路径选择实现企业的长期目标(陈佳俊,2003)。根据本书所要研究问题的内容和目标,笔者主要使用后面一种企业战略的概念。

2.企业战略的层次

根据战略的应用范围,多元化企业或企业集团的战略通常分为三个层次,即公司战略、业务单元战略和职能战略。企业战略的层次如图4-1所示。

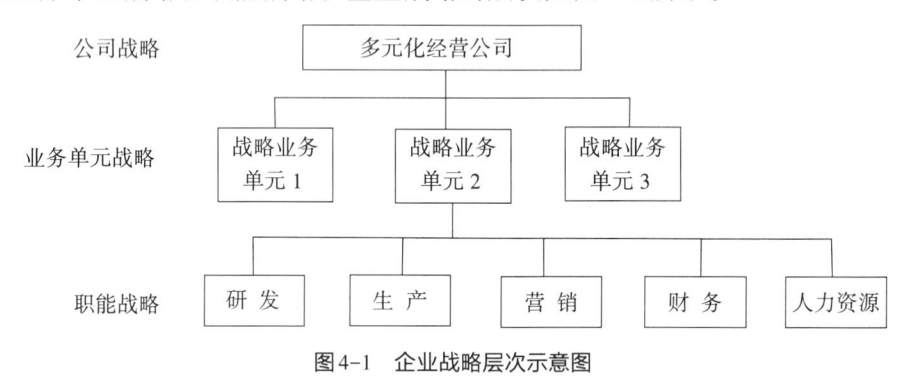

图4-1 企业战略层次示意图

(1)公司战略

公司战略以企业整体为对象,是企业的战略总纲,所以又叫企业总体战略。一般来说,公司战略强调五个方面的问题:①公司远景,包括公司希望成为什么样的企业,为哪些顾客服务,公司的核心价值观是什么;②公司目标,是公司远景在一定期间的具体化,一般可以用量化指标来表示;③公司产业组合,即公司打算进入哪些经营业务和市场领域,各项经营业务如何相互支持和协调;④公司核心能力。

公司战略的主要任务是界定公司的业务与市场领域。对于某一特定公司而言,企业的业务与市场领域无非有扩大、维持、减少三种选择。这三种选择恰恰对应于三种不同的公司战略类型:增长型战略、稳定型战略、收缩型战略(肖刚,2008)。

增长型战略又称成长型战略或进攻型战略,核心是发展和壮大。增长型战略是企业采取增加投资、研制新产品、开发新技术、扩大生产规模、开拓新市场等措施和手段的战略。增长型战略的目标是扩大企业经营规模,增强企业抵御市场风险的能力,获得更高的收入水平和盈利水平。企业增长战略可以分为三种基本模式:密集型增长战略、一体化增长战略和多元化增长战略。

稳定型战略又称防御型战略或"收割"型战略、维护型战略,核心是在稳定中求发展。稳定型战略是企业保持生产及经营的原有范围和规模,并通过现有产品取得尽可能多的"果实"的战略。稳定型战略的目标旨在维护企业现有地位,并逐步提高和扩大市场占有率。

紧缩型战略又称撤退型战略或收缩型战略,核心是主动撤退。紧缩型战略是企业在现有经营领域中处于不利地位、又无法改变这种状况时,逐渐收缩甚至退出原有经营领域,收回资金,以图东山再起的一种战略。紧缩型战略的目标旨在使企业度过危机,保证企业的安全性。

(2)业务单元战略

业务单元战略是由业务单元的负责人制定的战略,它涉及一个业务单元在它所从事的经营业务领域中如何建立和增强竞争优势的问题,因而又叫竞争战略或经营战略。

对于经营单一业务的企业来说,业务单元战略和公司战略是一致的。而在实行多元化经营的企业中,竞争战略仅仅是针对业务单元层面而言的。每个业务单元必须在公司总体战略的框架内,根据内外部经营环境选择适当的竞争战略。

(3)职能战略

职能战略是在企业或业务单元的特定职能管理领域制定的战略,由各职能部门经理负责制定。职能战略一般包括市场营销战略、产品研发战略、生产运作战略、财务战略、人力资源管理战略等。职能战略的主要作用是支持经营战略和竞争手段的实施,它细化了经营战略,使各职能部门的管理人员清楚地认识到本部门在实施公司和业务单位战略中的责任和要求。各职能战略应相互协调并与经营战略保持一致。

上述三个层次的战略中,公司战略是跨越不同经营业务的组合战略,它关注的是选择准备进入哪些经营业务的市场领域,以及资源在这些业务领域之间如何配置,而不具体涉及如何在已经进入的特点市场领域中进行竞争的问题。而职能战略关注的是公司和业务单元内部各项职能活动的详细计划和方案,为实现企业和业务单元的战略目标服务,并不直接面向市场和顾客,也不能对经营环境的变化做出迅速反应。只有业务单元战略,作为公司战略和职能战略的联系纽带,直接面对市场和顾客,在遵循公司总体战略目标的前提下制定特定业务的竞争战略,对影响竞争优势的关键因素直接做出反应,合理安排和有效控制产品研发、生产制造、销售及售后服务、成本控制、人力资源管理等活动。另一方面,业务单元作为自主经营、独立核算的经营单位,其执行公司战略的好差、业务单元战略的有效性,以及经营业绩的高低,可以比较准确地进行衡量和评价。因此,业务单元战略作为真正的市场型竞争战略在研究和实践越来越受到广泛关注。

二、经营战略的分类

很多学者对战略分类进行了研究,表4-1是对一些有代表性的战略分类的总结。

表4-1 经营战略的分类

研究者	战略分类	特征描述
Mintzberg (1973)	企业家型战略 (Entrepreneurial)	寻求机会、铸就首席执行官、大胆决策、增长导向型号、高度的不确定性
	适应型战略 (Adaptive)	反应型渐进式的目标设定、决策制定的相对确定性
	计划型战略 (Planning mode)	分析支配决策、综合战略、稳定的环境
Utterback 和 Abernathy (1975)	业绩最大化 (Performance-maximizing)	不确定的环境、提供独特产品、寻找新的机会
	销售最大化 (Sales-maximizing)	标准的产品、较为稳定的环境、竞争程度高,存在产品的差异性
	成本最小化 (Cost-minimizing)	标准化产品、极端的价格竞争、低创新、高效率、复杂的控制机制
Miles 和 Snow (1978)	防御型战略 (Defender)	市场环境稳定,产品范围有限,采用低成本和高质量竞争策略,效率极为重要,集中化的组织结构。
	前瞻型战略 (Prospector)	市场环境不稳定,总是寻找新产品和新市场,弹性组织结构
	分析型战略 (Analyzer)	防御者和扩张者的混合型。以传统产品为核心,在获得生产能力后进入新市场,矩阵式的组织结构
	反应型战略 (Reactor)	缺乏一贯的战略,组织结构与目标不对称,丧失机会,不成功
Poter(1980)	总成本领先战略 (Overall Cost Leadership)	标准化产品、规模经济、严格的成本控制、低价和较高的市场份额

续表

研究者	战略分类	特征描述
	差异化战略（Differentiation）	产品独特性带来较高的顾客忠诚和利润,强调市场和研发
	集中化战略（Focus）	专注于某一细分市场(顾客群、产品系列或地区)
Gupta和Govindarajan（1984）	扩张型战略（Build）	在行业内具有竞争优势,侧重于增加市场份额,提升竞争地位,尽管可能会降低短期的收益或现金流量
	收获型战略（Havest）	目的是获得短期的收益和现金流量的最大化,而非市场份额
	持有型战略（Hold）	当企业获得合理的投资回报的情况下,目的在于保持市场份额和市场地位
	抛弃型战略（Divest）	当企业准备停止经营的情况下采用

资料来源:主要参考厦门大学陈佳俊博士2003年专著《企业战略、管理控制与业绩评价的权变分析》,略有改动。

在前面几种战略分类中,与本书研究问题关系最为密切的,而且被研究者最广泛引用的战略分类是Miles和Snow(1978)以及波特(1980)的分类模式。因此,笔者在下文对这两种战略分类进行详细的阐述,以便为研究战略导向的业绩评价指标体系设计与选择问题提供分析基础。

1.Miles和Snow的战略分类

Miles和Snow在1978年的研究中,根据企业应对外界环境变化而改变产品与市场范围速度的不同,将企业战略划分为四种不同类型:前瞻型战略、防御型战略、分析型战略和反应型战略。多年来,该战略分类的有效性得到了众多研究的验证(如Hambrick,1983;Slocum,1985),到目前为止它仍是一种被广泛认可和应用的战略分类方法。每种战略类型的特征分别如下。

前瞻者战略:采用前瞻型战略的企业,其所面临的经营环境具有高度的不确定性。前瞻型战略是一种进攻型的战略,追求在市场中的领先地位,高度重视创新和变革,重视组织创新能力和决策水平的提高,总是在不断寻找新的市场机会和解决方案,不断开发新产品和新技术,密切关注所处行业的经营环境和竞争局势变化,敢于冒险和率先行动来应对不断变化的环境,创造新的市场机会和有利的竞争格局。

防御者战略:防御者将市场环境视作相对稳定和确定的,包括行业壁垒较高、竞争格局稳定、竞争对手行动的可预见性高、客户需求变动缓慢、产品和技术突变的概率低。防御者试图在相对稳定的产品和服务领域中保持一个安全的市场份额。与探索者相比，防御者集中于一个相对较小的市场范围，致力于满足顾客当前的需求，而不去探索外部产品市场的新机会。这类企业主要采取低成本或高效率的竞争策略，通过为顾客提供价廉物美的产品来取胜。

分析型战略处于前瞻型战略和防御型战略两者之间，是前瞻型和防御型的中和。这类战略在寻找新的市场机会和保持现有客户群之间进行平衡选择，它对变革可能带来的利益判断没有前瞻者那么高，对变革失败的风险判断却比前瞻者高。因此分析者的战略意图是"跟着变"，不仅在企业内部注重提高效率和降低成本，而且同时关注外部环境变化，当前瞻者成功开发出新产品或开拓新市场之后，分析者模仿这些新产品、跟随进入该市场，兼顾获利机会的最大化和经营风险的最小化。

反应型战略是一种消极的竞争战略。反应者对外部环境的变化不敏感，判断力较差，常常无法明确自身应采取的战略，只能盲目地跟随市场主流、被动地应对环境的压力。这样，反映者的决策往往存在意图不明确、完整性不足、缺乏前瞻性、前后不一致的情况，取得的经营绩效自然也较差。因此反应型战略是一种不成功的战略类型。

2. 波特的战略分类

公司战略界定了企业的业务与市场领域，那么，在既定的业务与市场领域，每一个业务战略单位如何取得竞争优势，或者说如何比竞争对手做得更好并实现企业目标呢？这就是竞争战略所要解决的核心问题。竞争战略涉及管理人员选择服务于哪个市场的方式，以及经营活动如何为顾客创造出比竞争对手更多的价值。

基本竞争战略是指无论在什么行业或什么企业都可以采用的通用性竞争战略。基本竞争战略的基本观念是，竞争优势是一切战略的核心。一个企业要获得竞争优势，必须就争取哪一种竞争优势和在什么范围内争取竞争优势问题做出选择。

按照哈佛商学院波特教授的提法，基本竞争战略包括成本领先、差异化和目标集聚三种类型，每一类战略部包含着通向竞争优势的一条迥然不同的途径。成本领先和差异化战略是在广泛的行业部门范围内谋求竞争优势，而目标集聚战略则着眼于在狭窄的范围内取得成本优势或差异化优势（刘庆元，2006）。

成本领先战略，是指企业通过有效途径降低成本，使企业的全部成本低于竞争对手的成本，甚至使企业成本成为同行业中最低的成本，从而获取竞争优势的一种战略。企业要获得成本优势，价值链上的累积成本（即将各种价值活动的成本之和）就必须低于竞争对手的累积成本。要实现这一目标主要有两个途径：一是比竞争对手更有效地开展内部价值链管理活动,从而降低成本;二是改造企业的价值链,省略或跨越一些高成本的价值链活动,从而降低成本。具体来说有简化产品、改进设计、节约原材料、降低工资费用、实行生产革新和自动化、降低管理费出等具体方法。

差异化战略,是指企业向市场提供与众不同的产品和服务,以满足顾客特殊的需求,形成企业竞争优势的战略。这种战略的核心是企业取得某种对顾客有价值的独特性,如产品设计、品牌形象、技术特色、外观特点、客户服务、经销网络、支付条件等方面,最理想的情况是企业在多个方面具有独特性。刘庆元(2006)提出,企业要突出自己与竞争对手之间的差异性,主要有四种基本的途径:产品、服务、人员与形象(见表4-2)。

表4-2 差异化的变量

产品	服务	人员	形象
特征 性能 一致性 耐用性 可靠性 易修理性 式样 设计	送货 安装 顾客培训 咨询服务 修理 其他服务	能力 言行、举止 可行度 敏感性 可交流性	个性与形象 标志 传播媒体 环境 项目、事件

资料来源:刘庆元.战略管理:分析、制定与实施[M].中央广播电视大学出版社,2006,219。

目标集聚战略是指企业或事业部的经营活动集中于某一特定的购买者集团、产品线的某一部分或某一地域市场上的一种战略。这种战略的核心是瞄准某个特定的用户群体、某种细分的产品线或某个细分市场。目标集聚战略一般有两种变化形式:一种是成本领先目标集聚,另一种是差异化目标集聚。实行成本领先目标集聚时,企业在所处目标细分市场中寻求低成本优势;在实行差异化目标集聚时,企业则寻求在目标市场中的独特差异化。

需要说明的是,尽管Mile和Snow(1978)与波特(1980)的战略分类的依据和性质有所不同,前者依据企业应对外界环境变化而改变产品与市场范围的速度来分类,具有战略定位的性质,后者是在已经进入的产品市场领域如何获得竞争优势的竞争策略,具有很强的针对性和可操作性。但两种战略分类之间存在相似性。已有不少学者对该问题进行了分析和检验,例如,Govindarajan(1986)经过分析指出,Miles和Snow的前瞻型和防御型分类与波特的差异化战略和成本领先战略的分类极为相似;Segev(1989)将Miles和Snow的四个战略类型与波特的三个战略类型进行实证分析,结果发现,前瞻型战略与差异化战略较为接近,防御型战略与成本领先战略较为接近;Chenhall(2003)和Langfield-Smith(1997)将众多的战略分为保守导向(Conservative Orientation)的战略和进取导向(Entrepreneurial Orientation)的战略,前者如防御者战略、"收割"型战略和成本领先战略,后者如探索者战略、建造型战略和产品差异化战略。这些研究的意义在于减少了研究者在选择战略分类形式时的困惑。

第三节 基于战略的业务单元业绩评价指标体系设计

一、平衡计分卡作为战略业绩指标设计的基本框架

由前文可知,平衡计分卡是一种战略性的业绩评价体系,它将公司和业务单元的经营战略转化为一系列明确的、具体的、可操作的业绩评价指标,通过这一途径将战略目标和要求清晰地传递给所有员工和管理人员。平衡计分卡从财务、顾客、内部流程、学习与成长四个层面全面地反映战略执行情况和经营业绩,实现了财务指标与非财务指标的结合、短期评价与长期评价的统一、多种相关者利益的平衡。因此,平衡计分卡是基于战略的业务单元业绩评价指标体系设计的基本框架。本书从平衡计分卡的四个层面出发,阐述业务单元业绩评价可供选择的业绩指标,并在分析各层面的评价内容、评价目标和指标设计原则的基础上,对平衡计分卡原有的业绩指标进行了合理的调整和扩展。

1. 财务层面

尽管传统的单一财务业绩指标体系由于存在短视、滞后、狭隘等诸多缺陷,而不能适应知识经济条件下评价业务单元战略经营业绩、控制战略实施过程的要求,但这并不能否定财务指标对业绩评价的作用,企业的财务业绩始终是企业业绩评价的落脚点。事实上,并非所有的公司都能把质量和顾客满意度的提高转化为财务上的最终结果,企业管理实践中不乏这样的例子,有些企业在质量、生产率、客户服务等方面取得了突破性改进,却没有带来更高的获利能力(罗伯特·卡普兰,大卫·诺顿,2004)。因此,定期的财务报表和财务指标必须继续扮演重要的角色,不断提醒管理者,质量、反应时间、生产率和新产品等方面的改善是实现目的的手段,而不是目的本身。

正因为如此,平衡计分卡保留了财务层面,财务指标概括了过去的容易衡量的经济结果,财务业绩的高低可以反映出企业的战略及其实施和执行是否对改善企业盈利做出了贡献。

平衡计分卡的财务层面可以从盈利能力、资产运营能力、偿债能力、发展能力四个方面,反映业务单元战略经营的财务业绩。评价盈利能力的指标主要有净资产收益率、总资产报酬率、资本保值增值率、销售(营业)利润率、每股盈余、成本费用利润率、EVA、REVA等;评价资本营运能力的指标主要有总资产周转率、流动资产周转率、存货周转率、应收账款周转率、不良资产比率、资产损失比率等;评价偿债能力的指标有资产负债率、净资产负债率、已获利息倍数、流动比率、速动比率、现金流动负债比率等,其中后面三个指标反映短期偿债能力;评价发展能力的指标有销售(营业)增长率、资本积累率、总资产增长率、销售(营业)利润增值率、成本费用降低率、三年利润平均增长率、三年资本平均增值率等。

2.顾客层面

随着企业之间市场竞争的日趋激烈和产品由卖方市场向买方市场转变,能否得到顾客认同、最大限度地吸引和拥有顾客,成为企业能否实现财务目标的关键。当前顾客需求越来越趋向于多样化、智能化、个性化、便捷化,企业只有更好地了解和满足顾客需求,才能拥有更多的顾客,在创造顾客价值最大化的同时为企业创造更好的经济利益。顾客方面的指标反映企业或业务单元在顾客的获得、保持和增长方面的贡献,主要关注产品的市场优势、顾客关系和顾客满意度等方面的业绩。常见的业绩评价指标包括顾客满意度、产品或服务投诉率、新顾客获取率、顾客增长率、顾客留住率、顾客平均销售额、顾客盈利率、产品市场占有率、市场份额增长率。

其中,顾客满意度是指顾客对企业所提供的产品、服务的满意程度,其高低受到企业提供产品和服务的时间、质量、成本和售后服务等综合影响。新顾客获取率是指企业在一定时期内赢得的新顾客占全部客户的比率,可以用新增客户的数量比率来衡量,也可以用来自新客户的销售额比率来衡量。顾客增长率是指本期客户数量与上期顾客数量相比的增长百分比。新顾客获取率和顾客增长率反映了企业挖掘潜在市场、扩大市场占有率的能力。顾客留住率是指企业以前争取的顾客在本期继续与企业保持交易关系的顾客所占的百分比,它从侧面反映了顾客的满意程度,是企业保持现有市场占有率的关键。产品市场占有率是指企业某种主导产品的产销量占整个行业中该产品产销量的比例,是企业中该产品在整个市场中的份额,它反映了企业在现实情况下及未来一段时间的竞争力。顾客盈利率又叫顾客利润率或顾客获利率,是指企业从顾客那里获得利润的水平,它反映了企业为不同顾客提供产品或服务时获得利润的能力。

上述指标相辅相成、紧密关联,组成了一个因果关系链:(1)顾客满意程度的提高,企业形象和声誉的提升,以及企业与顾客之间的关系的改善,有助于企业获得较高的老顾客保持率、新顾客获得率和顾客增长率;(2)老顾客保持率和新顾客获得率决定了市场份额的大小;(3)企业在获得较高的顾客保持率、顾客获得率、顾客增长率、市场份额以及顾客平均销售额的情况下,就有可能从顾客那儿获得较高的利润,为财务业绩的提升奠定基础;(4)顾客满意程度又源于企业对顾客价值观念(Proposition)的重视程度,即对顾客需求反应的时间、产品的功能、质量和价格等。该因果关系如图4-2所示:

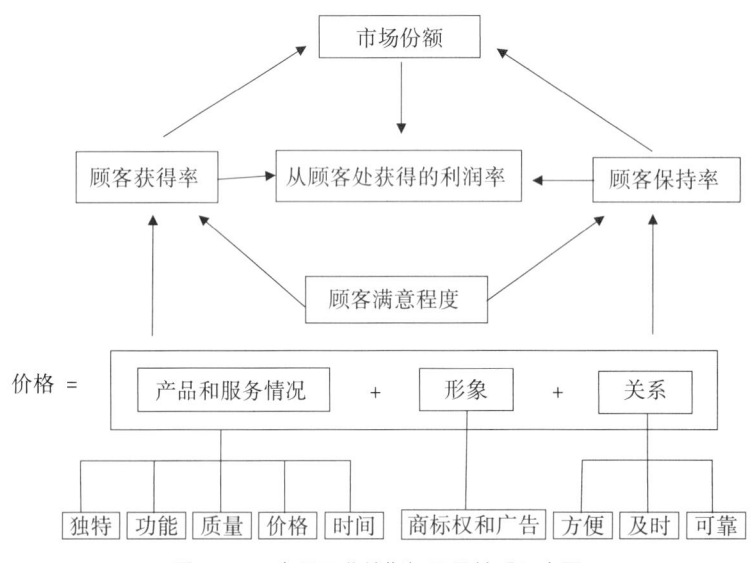

图4-2 顾客层面业绩指标因果关系示意图

3. 内部流程层面

顾客需求的满足和顾客价值的创造,以及财务业绩目标的实现,都需要靠企业高效的内部业务流程来支持。每个企业都有自己独特的内部价值链模式和内部流程,但都可以细分为创新、生产经营和售后服务三个具体阶段。

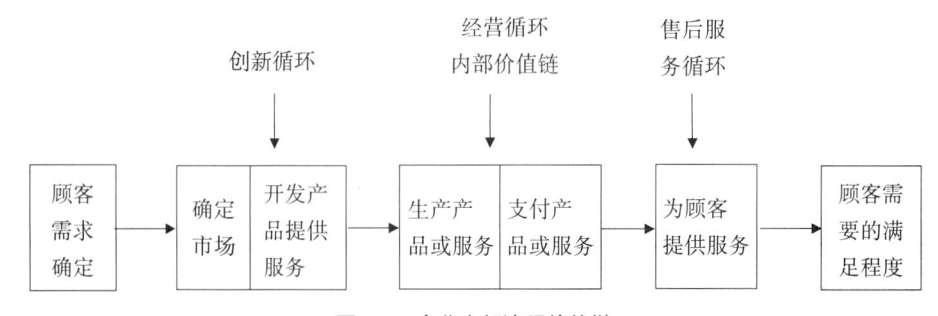

图4-3 企业内部流程价值链

在创新阶段,公司或业务单元调查和了解顾客目前和潜在的需求,引进和研究开发满足这些需求的新产品和服务,以及引进和创立新的生产工艺技术和经营管理方法等。平衡计分卡中衡量创新能力的指标有投入研发的新产品数、开发成功推向市场的新产品数、新产品开发周期、销售收入中来自新产品的百分比、产品研发费用占销售收入的百分比、研发费用增长率、新产品开发成功率、获得的专利数等。

生产经营阶段,是指从收到顾客订单开始,到向顾客交付完工产品和提供服务的过程。这一阶段强调向顾客及时、有效、连续地提供产品和服务。平衡计分卡对生产经营阶段的业绩进行考核,主要着眼于三个方面:时间、质量和成本。生产经营阶段的业绩评价指标包括产品合格率、废品率、原材料利用率、员工劳动生产率、产品按时交货率、设备调整时间、产品和服务种类、产量、单位产品成本、设备有效利用率、原材料和产成品库存水平、产品生产周期、空间利用率、成本降低率,等等。

售后服务阶段,是指在出售和交付产品和提供服务之后,给顾客提供的服务活动过程。良好的售后服务对于保护顾客的基本权益,维护公司的形象和声誉都有着重要意义。售后服务包括提供担保、安装调试、技术指导、信息咨询,对产品进行退货、换货、修理,以及帮助顾客完成结算过程等服务。这一阶段的业绩也从时间、质量和成本三个方面来考察,具体的评价指标包括售后服务响应时间(即从接到顾客请求到最终解决问题的时间)、售后服务一次性成功比率、产品故障排除及时率、顾客付款的时间、用于售后服务的人力和物力成本等。

4.学习与成长层面

在当今知识经济逐渐占据主导地位的经营环境下,企业员工的素质决定了企业发展的潜力和市场竞争的能力,在员工技能培训方面的投入将为企业核心竞争力的培育、保持和提升奠定良好的基础。因此,企业内部业务运作过程的高效必须依赖于员工工作能力、工作积极性和工作绩效的不断提高,学习与成长方面是其他三个方面得以顺利实现的基本保证。

学习与成长层面应关注员工、信息系统和组织程序三个方面的内容。其中员工方面是核心,可以从员工知识和技能水平、员工培训开发、员工技能和积极性的提高及创造力的发挥三个方面,分别反映和评价员工质量、员工学习和员工成长方面的业绩。其中衡量员工知识和技能可供使用的评价指标有高学历员工比例、高职称员工比例、员工从业经验等;衡量员工培训开发活动可以采用的评价指标有培训总经费占年销售收入的比例、年人均培训时间、年人均培训次数、员工培训参加率、员工人均培训经费等;衡量员工成长可供使用的评价指标有员工满意度、员工流动率、关键员工保持率、某技能等级员工增加率、多技能员工比率、员工提出合理化建议的数量、被采纳建议的比例,以及人均生产率、人均销售收入、人均利润等。衡量信息系统绩效的评价指标主要有信息传递和反馈需要的时间、信息覆盖率、信息传递成本、员工拥有电脑的比例、信息化管理普及率等。反映组织程序的评价指标有员工岗位轮换比率、员工授权程度、知识管理水平、员工激励计划等。

二、战略类型与业务单元业绩评价指标选择

根据前面关于波特(1980)及 Miles 和 Snow(1978)的战略分类的阐述,本书接下来以平衡计分卡指标体系为基本框架,分别以成本领先和差异化两种竞争战略,以及前瞻型和防御型两种战略定位为分析视角,探讨基于战略的业务单元业绩评价指标的设计和选择问题。

1. 成本领先战略和差异化战略

实施成本领先战略的业务单元的经营管理策略主要包括几个方面:(1)向顾客提供标准化的产品,而不在产品多样化和质量功能独特性上投入较多的精力和资源,并且产品设计要便于制造和生产;(2)通常不采用针对每个细分市场提供不同产品的做法,而在一个规模较大的市场提供相对单一的产品,努力扩大产品生产和销售规模,实现规模经济效应,降低单位产品成本;(3)与供应商和经销商建立良好的关系,降低原材料购买成本和销售费用;(4)加强对产品研究开发、产品销售、售后服务、广告宣传等费用的控制;(5)充分利用员工的经验并加强对员工熟练程度的培训,提高员工劳动生产率,降低单位产品人工成本;(6)提高原材料和生产能力使用效率,最大限度地降低产品生产成本;(7)通过精简机构、完善信息系统、加强费用审批等手段控制管理费用发生额;(8)提高产品合格率和及时交货率,最大限度地减少质量问题和交货延迟引起的返工和赔偿费用。

根据成本领先战略的具体要求和实施策略,可以相应地设计和选择使用适用于追求成本领先战略的业务单元的业绩评价指标体系:(1)在学习与成长层面,采用成本领先战略的业务单元重视员工的经验和熟练程度以及信息系统完善程度,使用的评价指标包括年人均培训时间、员工培训参加率、员工流动率、员工劳动生产率、人均销售额、信息传递和反馈速度等;(2)在内部流程层面,重视产品生产效率和成本控制,使用较多的业绩指标主要包括单位批次产量、产品标准化程度、产品合格率、设备有效利用率、原材料成本差异、材料损耗率、产品生产周期、单位产品成本、及时交货率、费用预算差异等;(3)在顾客层面,主要使用顾客平均销售额、顾客保持率、顾客增长率、市场占有率、市场份额增长率等业绩指标;(4)在财务层面,不论业务单元采用何种竞争战略,财务指标都是业绩指标体系的重要组成部分,但与差异化战略相比,成本领先战略更加重视对销售额、销售增长率、销售和管理费用占销售额的百分率、总资产周转率、

存货周转率、应收账款周转率等指标的使用。

实施差异化战略的业务单元的经营管理策略主要包括以下几个方面:(1)加强新产品(或服务)研究开发和技术创新;(2)通过改进产品的品质、式样、风格、设计、特性等实现产品差异化,向顾客提供高质量、高性能和高附加值的产品;(3)重视员工知识技能和创新能力的培养和提高;(4)提供良好的售后服务;(5)注重品牌建设,培育顾客对品牌的忠诚度;(6)对不同质量档次的产品实施差异化价格,将名优产品定在高价位上,以满足高收入、高消费阶层的需求,而将大众化产品定在中低价位上,以满足广大消费者的需求;(7)加大广告宣传促销力度,提高产品的知名度;(8)树立企业产品的差异化形象,提升品牌地位,激发更多的潜在消费者购买企业产品;(9)缩短设备调整时间,采用先进的制造技术,提高柔性制造能力。

根据差异化战略的具体要求和实施策略,可以相应地设计和选择使用适用于追求差异化战略的业务单元的业绩评价指标体系:(1)在学习与成长层面,采用差异化战略的业务单元重视员工满意度和创新能力的培养,通常使用的业绩指标包括高学历或高职称员工比例、年人均培训时间、培训费用占年销售收入的百分率、员工培训参加率、员工满意度、关键员工保持率、高技能员工比例、员工合理化建议数、合理化建议采纳比例、员工授权程度等;(2)在内部流程层面,重视新产品研发和产品的独特性和多样化,因此使用较多的业绩评价指标包括投入研发的新产品数、新产品开发成功率、研发费用占销售收入的比例、研发费用增长率、销售收入中来自新产品的百分比、产品和服务种类、产品质量和性能独特性、个性化订单比例、产品生产周期、设备调整时间、售后服务响应时间、售后服务费用等;(3)在顾客层面,着重使用顾客满意度、顾客忠诚度、新顾客获取率、顾客增长率、销售收入中来自新顾客的百分比、顾客盈利率、市场份额增长率等;(4)在财务层面,对实行差异化经营的业务单元来说,反映盈利能力、资产经营能力、偿债能力和发展能力的各项主要财务指标都得到广泛的使用,但与追求成本领先战略的业务单元相比,其业绩评价更加强调销售毛利率、来自新产品的销售收入百分比、销售收入中来自新顾客的比例、销售收入的产品构成等财务业绩指标。

总的来说,实施成本领先战略和差异化战略的业务单元相比较,前者更加重视反映内部经营效率、成本费用控制,以及销售规模与增长、资产周转速度等业绩指标的应用,而后者更加重视反映销售利润率、顾客满意度、顾客增长、产品质量和性能的独特性、新产品研究开发、柔性制造能力、员工培训和创造力、员工满意度等方面的指标。

2.前瞻型战略与防御性战略

Miles 和 Snow(1978)就企业如何进行产品—市场战略决策提出了四种类型,其中前瞻型战略和防御型战略是两种典型的、迥然不同的战略类型。实施前瞻型战略的业务单元主要依据效果来评价经营成功，这些业务单元强调产品柔性和创新，但这种倾向可能导致疏于监控和运作效率的低下（Mavondo，2000）。前瞻型业务单元着重使用顾客和创新方面的业绩评价指标，包括投入研发的新产品数量、研发成功的新产品数、产品销售收入中来自新产品和新顾客的百分比、销售收入增长率、市场份额增长率。实行前瞻型战略的业务单元还具有市场导向的特点，这意味着强调对顾客满意度、顾客保持率、产品或服务质量、顾客投诉次数、产品形象等业绩指标的使用。同时，对新产品研发和顾客满意度的强调必然要求加强重视员工满意度、员工创新能力的提高，因而增加对学习与成长层面指标的使用（Olson 和 Slater，2002）。

对于实施防御型的业务单元来说，他们的战略目标是维持原有的顾客群体和稳定的市场份额。这些业务单元的经营环境比较稳定，多采用常规的技术，所生产的产品中成熟产品所占的比例较大、产品类别相对狭窄和稳定。因此，这些业务单元更加重视效率而不是效果，较多地使用反映生产运营效率和成本费用控制的业绩评价指标，使用频率较高的业绩指标包括生产能力利用率、原材料利用率、单位产品成本、产品生产周期、按时交货率、产品合格率、存货库存水平、成本降低率、员工劳动生产率等。此外，与前瞻型战略相比，防御型业务单元更加注重对财务业绩指标的使用。

总之，与差异化和成本领先战略相对应，实行防御型战略的业务单元更加强调使用财务和内部流程层面的业绩评价指标，而实行前瞻型战略的业务单元则更加强调顾客和学习与成长层面的业绩评价指标。

第四节 业务单元业绩评价指标选择的其他权变因素

权变理论认为，不存在普遍适用的、最好的管理理论、方法和技术，有效的管理理论、方法和技术需要根据企业所处的具体环境来确定。它突出环境的影响，要求针对不同的具体条件探求各自最适合的方法。这里的具体条件，不仅包外部环境，还包括企业的组织结构、生产管理技术、生命周期等内部条件。权变理论的核心是强调外部环境的多变性和内部条件的特殊性，其基本思路是研究环境变量和管理变量之间的函数关系，确保二者之间相互匹配。

除了业务单元的经营战略，其他权变因素如业务单元所处的生命周期阶段、所在的行业类型、所面临的经营环境的不确定性，以及市场竞争程度和企业文化，也都会对业务单元业绩评价的指标设计和选择产生影响。当然,这些权变因素也可能影响业务单元的战略类型,并通过战略特点与要求影响业绩评价使用的指标类别和数量。

一、业务单元所处的企业生命周期阶段

Greiner(1972)和 Adizes(1989)的企业生命周期理论认为,企业像生物有机体一样,也有一个从出生、成长、成熟到衰老、死亡的过程。企业的生命周期一般可以划分为初创、成长、成熟和衰退四个阶段,在不同的生命周期阶段,企业的生产经营特点、战略目标和管理重点也有所不同。因此,对企业经营业绩进行评价时,要充分考虑和准确分析这些关键成功因素,设计和选择使用适当的业绩评价指标。

1. 初创阶段

在初创阶段,企业及其产品尚未得到社会和顾客的认可和接受,产品和服务种类单一、销售额较小,企业在固定资产方面的投资比较大,面临的不确定因素很多,因此,企业这一阶段的首要目标就是维持生存并逐步发展,力争在市场竞争中获得一席之地。为此,企业需要依靠独特的产品和优质的服务提高顾客满意度,并运用广告宣传让顾客充分认识和了解企业的产品、技术和服务,以提高企业和产品的知名度、扩大产品销路,是否获利并不是企业管理的重点。同时需要加强企业的制度建设,提高管理人员的综合素质和管理能力,稳定员工队伍并加强对员工技能的培训。因此,在业绩评价时应体现这些关键成功因素的要求。在学习与成长层面,重点使用的业绩指标包括员工流失率、员工新增率、高技能或高学历员工比例、员工人均年培训经费或培训时间、员工工作经验、员工胜任工作岗位所需时间、新产品上市所需时间等;在内部流程层面,着重使用产品质量合格率、产品返修率、产品及时交货率、售后服务效率、广告支出百分比、广告宣传效果、客户需求反映时间等业绩指标;在顾客层面,着重使用客户增长率、新增客户的数量和销售额比例、顾客满意度等指标;而在财务层面,初创阶段具有固定资产投资额大、现金流出大于现金流入、产品成本高、基本无利润等特点,因此可以将销售收入增长率、销售费用增长率、资产周转率等作为主要的财务业绩评价指标。

2. 成长阶段

进入成长期后,企业逐渐步入正轨,实力逐渐增强,发展速度迅速提高。在这一阶段,提高市场占有率和盈利能力成为企业的主要目标。为此,企业需要开发出满足不同顾客群体需求的多种产品与服务,不断提高产品和服务的质量,以更好地满足顾客需求,同时采用广告宣传和多种促销方式扩大产品知名度、树立企业品牌形象,以进一步扩大产品和服务的市场份额。在学习与成长方面,通过学习和培训,提高员工的技

术水平和创新能力,以保证产品或服务的质量、新产品研发能力。因此,经营业绩评价指标的设置和选择应考虑这些战略要求和生产经营特点。在学习与成长层面,着重使用下列业绩指标:员工满意度、员工保持率、员工人均培训时间、培训经费占销售额百分比、企业研发人员比例、高技能员工比例、合理化建议数量、建议采纳率等;在内部流程维度,使用的业绩指标主要有:产品合格率、产品返修率、产品及时交货率、研发费用占销售额的百分比、新产品研发成功率、专利数量、售后服务效率等,同时也应重视生产能力利用率、劳动生产效率等指标的使用;在顾客层面,着重使用客户保持率、新顾客获得率、市场占有率、来自新客户的销售收入比率等业绩指标;财务层面所使用的业绩指标注重包括产品成本降低率、销售毛利率、销售增长率、利润增长率、资本保值增值率、净资产收益率等。

3. 成熟阶段

在该阶段,由于企业产品在市场上已有一定的品牌知名度,主要业务已基本稳定、核心竞争优势已经形成,因而顾客群体和市场份额相对稳定,在市场上表现出较强的竞争力。此时企业希望保持盈利与成长的平衡,其战略目标为维持和巩固已有地位,延迟衰退期的到来。管理的重点是确保现有顾客群体的忠诚度,而不是投入大量财力进行广告选择来吸引新顾客。另外,由于此时产品的功能和价格已基本稳定,企业应加强产品成本、管理和销售费用的控制以增大盈利空间。因此这一阶段与前两个阶段相比,更加注重对财务和内部流程层面的业绩指标的使用。财务层面主要包括总资产报酬率、净资产收益率、资产负债率、流动比率、资产周转率、销售利润率等指标;内部流程层面着重使用产品合格率、员工劳动生产率、单位成本降低率、销售与管理费用降低率、交货及时率、售后服务效率、旧产品改进费用率、生产能力利用率等指标;在学习与成长层面,使用高技能员工比例、员工工作经验、员工培训费用百分比、员工满意度、员工保持率等指标;顾客层面的指标主要有顾客满意度、顾客保持率、前5名客户销售额百分比等。

4. 衰退阶段

处于衰退期的企业一般采取收缩战略,以收回资本为主要目标,着力提高应收账款和存货周转效率,尽量减少企业的损失。这一阶段现金回流成为关键问题,顾客、内部流程以及学习与成长这些非财务方面对于企业的经营业绩评价已不重要了,反映现金流量的财务指标成为业绩评价的重点,如销售现金比率、现金流动负债比率、速动比率、应收账款周转率、存货周转率、全部资产现金回收率等。同时,有些处于该阶段的企业又在寻找新的经济增长点,因此反映产品研发和技术创新活动的业绩指标,如投入研发的新产品数量、新产品研发支出比例、研发成功率、从研发到成功所需的时间、先于竞争对手开发新产品的能力也应当纳入经营业绩评价体系。

二、经营环境不确定性

环境不确定性程度也可能对管理控制系统的设计和业绩评价指标的使用产生影响。环境不确定性的两个重要根源是市场变动和技术变化，前者如顾客需求和竞争对手、供应商行动的变化，后者如技术变化和新产品出现（Davila，2000；DeSarbo 等，2005；Ittner 和 Larcker，2001）。战略和环境不确定性之间相互联系，因为战略选择涉及经营环境的选择，而对不确定性的感受影响管理层的战略选择。以往研究发现，随着环境不确定性的增加，企业使用包括外部和非财务信息的更广泛信息（如 Chenhall 和 Morris，1986；Gordon 和 Narayanan，1984）。

环境不确定性与会计控制系统设计存在正相关关系，这一观点得到了大量会计研究提供的经验证据的支持。这一领域的文献提出，当管理人员认为环境不确定性对企业业绩的影响越大，他们越是重视对管理会计系统（MAS）相关信息的使用，因为这些信息有助于管理人员更好地理解和应对不确定的环境。许多关于环境不确定性如何影响 MAS 信息使用的研究表明，当不确定性水平较高时，企业在业绩评价时对预算等财务控制手段的使用程度较低（Govindarajan，1984；Hayes，1977；Macintosh 和 Daft，1987）。Kaplan 和 Mackey（1992）发现，与经营环境不稳定的企业相比，经营环境稳定的企业更多地采用了以成本为基础的计量。同样，与在动态市场中经营的企业相比，在稳定市场中经营的企业，财务计量的作用更大（Nanni 等，1990）。Chenhall 和 Morris（1987）的研究表明，在环境不确定性较高的情况下，企业倾向更多地使用广泛的非财务管理信息系统信息，以有效地应对外部环境不确定性。其他一些研究如 Chong 和 Chong（1997）、Gul 和 Chia（1994）、Hoque 和 Hopper（1997）、Mia 和 Chenhall（1994），也得出了同样的结论，即在环境不确定性较高的情况下，业绩良好的企业通常较少依赖财务业绩指标，而对非财务指标的使用程度提高。Govindarajan 和 Shank（1992）指出，当经营环境高度不确定时，为有效地评价企业经营业绩，要求管理人员增加对非财务指标的使用程度。

三、市场竞争程度

市场竞争程度也是影响多重业绩指标使用的一个潜在因素。众多学者（卡普兰和诺顿，1992；Ittner 和 Larcker，1998；Otley，1999）认为，为了适应市场竞争的需要，企业的业绩评价指标不仅包括财务指标，还应该包括反映各方面生产经营活动的非财务指标，如顾客满意度、产品合格率、员工培训时间等非财务指标，这对于企业获得竞争优势是至关重要的。Lynch和Cross(1991)指出,面临激烈市场竞争的企业更倾向采用包括财务指标与非财务指标的多重业绩指标评价经营业绩,因为采用多重业绩指标可以清楚地监控企业的静态能力和动态能力,从而提高竞争能力。对这些能力的监控是非常重要的,因为它有助于企业识别那些增加产品或服务成本而不提供价值的活动[①]。Abdel-Maksouda等(2005)发现,那些处于高度竞争环境中的公司对自己的业绩评价体系更感兴趣,也会更多地在车间层面使用非财务业绩指标。Hoque和Mia(2001)发现公司共处行业竞争越激烈,企业使用综合指标越多。市场竞争强度的不同也会引起管理人员对业绩评价信息使用的强度和方式的不同。例如,Simons(1991)认为,当企业面临较高的竞争程度时,管理人员可能会将某些业绩评价信息项目,由原来的定期、例外使用改为日常使用。反过来,处于相对稳定环境的管理人员,可能不会在各种业绩评价指标上做出这些调整。

---

① 产品和服务的价值增加表现为质量或可靠性的提高或其他方面的改进。

第五章 业务单元战略、业绩指标使用与财务业绩相关性的实证研究

第一节 引言

Simons(1987,1990)、Dent(1990)等著名管理学家早就指出,每个企业的管理控制系统都必须根据其具体特征和战略目标量身定制,以支持其经营战略的有效实施,获得竞争优势和良好的经营业绩。业绩评价体系是管理控制系统的重要组成部分,因此,多年以来很多学者对如何设计最大限度地适应企业不同经营战略的业绩评价指标表现出浓厚的兴趣,也就不足为奇了。业绩评价指标在将企业的战略目标转化成企业所期望的行动和结果的过程中,发挥着关键的作用(Campbell等,2004;Chenhall和Langfield-Smith,1998;卡普兰和诺顿,2001;Lillis,2002)。它们还有助于传递期望、控制过程、提供反馈,并运用基于业绩的报偿和奖励来激励员工(Banker等,2000;Chenhall,2003;Ittner和Larcker,1998;Ittner等,1997;Ittner,Larcker,和Randall,2003)。

传统上,企业主要依赖财务业绩指标来实现这些目标(Balkcom等,1997;卡普兰和诺顿,1992)。随着顾客需求日趋多样化、企业制造技术的日新月异和资源配置重点的变化,学术界和实务界逐渐认识到,单一的财务业绩指标已经不能胜任这些功能了。对传统业绩评价的批判主要集中在它对短期性的成本信息和财务数据过于依赖,而对无形的、推动组织未来成长的长期价值创造活动则不够关注。卡普兰和诺顿(2001)指出,当前的很多企业注重对无形资产的管理,如顾客关系、创新的产品和服务、高质量以及快速响应的业务流程,它们具有非财务的性质。Ghalayini和Noble(1996)强调,

传统业绩指标反映的是过去决策的结果,具有滞后性,没有与公司战略和具体经营实务联系起来,因而难以被管理人员和员工理解,与持续改进改进相冲突,不能满足顾客要求,而且过于强调成本降低方面的努力。

为了克服传统业绩评价体系的局限性,一种新的业绩评价体系——战略业绩评价体系(SPMS)被提了出来。Chenhall(2005)指出,战略业绩评价体系的一个显著特征是它把财务指标和涵盖多个维度的非财务指标结合起来使用,从而将战略转化为一整套统一而连贯的业绩指标。卡普兰和诺顿(1992)提出的平衡计分卡,是战略业绩评价体系设计的基本框架,它从财务、顾客、内部流程、学习与成长四个方面全面评价企业的经营业绩和战略执行效果。

战略业绩评价体系的特征和使用目的,意味着业绩评价指标的选择和使用取决于企业所遵循的经营战略。因此,研究企业经营战略如何影响业绩评价指标的使用具有重要的理论和实践意义,大量研究提供证据表明,采用不同战略的企业之间,业绩评价指标的选择和使用强度存在很大的差异。另外,业绩指标的选择和使用程度是否对经营业绩产生显著影响,也引起了研究者的广泛兴趣。代理理论认为使用多样化的业绩评价指标有助于提升企业业绩,权变理论则认为只有当业绩指标使用与战略相互匹时,企业才能取得较好的经营业绩。这两种观点都得到了众多研究的实证支持,但有些研究之间结论不相一致,并且直接针对业务单元层面、以波特的竞争战略为框架的研究相对较少。此外,这些研究基本上是以西方国家为背景的,极少有研究是以中国企业为对象提供经验证据,这为本书进行相关研究提供了机会和空间。同时,由于中国企业在面临的经营环境、产品制造技术、管理理念和经营水平与西方企业存在一定的差异,西方企业的研究结论是否适用于中国还有待检验,因此笔者的研究具有一定的理论和实践意义。

利用来自93家中国企业的问卷调查数据,笔者研究业务单元的竞争战略对业绩指标使用的影响,以及业绩评价指标的使用程度是否影响业务单元的财务业绩。统计分析结果表明,业务单元采取成本领先或差异化战略对财务指标的使用程度没有显著影响,采取差异化战略的业务单元倾向使用更多的非财务指标,强调成本领先的程度与成本效率指标的使用程度显著正相关;不论采取何种战略,业务单元使用综合业绩评价指标或非财务指标的多样化程度越高,其财务业绩也越高,而财务业绩指标的使用程度对业务单元的财务业绩没有显著影响;采取成本领先战略且成本效率指标使用程度较高的业务单元具有较高的财务业绩,对采取差异化战略的业务单元来说,在强调该战略的程度较高,并且非财务指标(不包括成本效率指标)的使用程度也较高的情况下,企业取得的财务业绩也较高。

本书主要从以下两个方面对相关研究做出了贡献。第一,笔者提供了关于这方面研究的中国背景实证证据。从浙江和四川两地的93家制造业单一经营企业或业务单元的调研数据中,笔者发现西方国家关于战略、业绩指标使用与财物业绩之间存在相关性的结论在中国同样成立,即业务单元的竞争战略类型和强调程度影响业绩指标的使用程度,业绩评价多样化和战略与业绩指标使用的匹配能够提高企业的财务业绩;第二,笔者的研究直接针对单一经营企业或多元化企业的业务单元层面,将波特的三类竞争战略归结为成本领先和差异化两类,并根据企业对具体策略重要性的打分来测度企业采取何种竞争战略,以及对该战略的强调程度,便于进行回归分析。此外,将样本企业限定于制造业企业,尽量减少行业特征对研究结论的影响。

本章余下部分的安排如下:第二节为文献综述和假设提出,第三节为研究方法,包括样本来源和变量定义与计量,第四节为模型设定与假设检验,第五节为研究结论与局限性。

第二节 文献综述和假设提出

一、战略对业绩评价指标使用的影响

社会经济的快速发展使得企业面临的经营环境发生了重大变化,企业管理决策与控制的风险进一步加大,企业竞争战略的制定与选择是对环境不确定性的积极应对方式。但即使是精心构思的竞争战略也不一定保证企业经营目标的实现,除非战略得到了有效的执行(Fleming等,2009)。为了达到这一目的,企业需要建立一套与内外部环境相适应、有效支持战略实施的管理控制系统。业绩评价系统是管理控制系统的重要组成部分,这就意味着一个企业业绩评价体系的最优设计取决于其经营战略(Chenhall,2003;Ittner和Larcker,1998;Van der Stede等,2006)。

Fitzgerald等(1994)指出,公司要评价什么方面,取决于他们希望达到什么样的目标。因此,企业业绩评价指标的选择应当由其经营战略来驱动,这一观点已经得到了众多研究的广泛认同。Moon和Fitzgerald(1996)认为,战略目标、环境与技术不同的企业,需要使用不同的业绩评价指标。Koller(1996)、卡普兰和诺顿(1996)指出,公司在设计业绩评价体系之前,首先必须清楚地了解公司的经营模式、战略和目标,这一做法对于公司的业务单元或分部同样适用。

西方国家的研究为这一主张提供了支持。例如,Ittner,Larcker 和 Rajan(1995)研究了在首席执行官奖金合约中赋予财务与非财务指标的相对权重,他们运用来自317家企业的数据发现,质量导向战略和创新导向战略的实施以及较高的竞争压力增加了对非财务指标的使用。Said 等(2003)发现,采用创新导向战略和更加强调质量的企业,使用更多的非财务业绩指标。同样,Bouwens 和 Abernethy(2000)提出,运用顾客化战略的企业更加重视完整的、综合的和及时的管理会计信息。Lukas(1999)和 Chan 等(2000)指出,与实行前瞻型战略的企业相比,防御型企业更加重视财务和内部流程方面的业绩指标。反过来,前瞻型企业倾向较多地使用顾客和学习与成长维度的业绩指标(Woodside 等,1999;Conant 等,1990)。Hoque 和 James(2000)分析了66家澳大利亚制造公司的调查数据发现,新产品比例较高的企业具有更强的运用新产品相关指标的趋势。Van der Stede 等(2006)也发现了企业的业绩指标使用适应其战略的证据,那些强调制造质量的企业倾向于使用更多的客观性和主观性非财务指标,而不减少财务指标的数量。Dekker 等(2006)发现,强调创新战略的企业强调对反映创新、成本与效率和市场业绩的评价指标的使用,而强调顾客—质量战略的企业较多地使用与质量、人力资源和生产系统有关的业绩指标,强调低成本战略的企业使用更多的成本与效率、生产系统和员工方面的指标。他们还发现企业通常同时强调多种战略,并因此而增加了对业绩评价信息的使用。Henri(2007)研究发现,强调创新战略的企业注重对创新、成本与效率以及市场业绩等方面指标的使用,强调顾客—质量战略的企业使用更多的有关成本效率、生产和员工方面的指标。该研究还发现了有力的证据表明,企业常常同时强调多种战略,并相应增加了对业绩评价信息的使用。另外,少量的以中国企业为样本的研究也支持了这一观点,如苏文兵(2009)等发现,采取进攻型战略的企业更倾向使用非财务指标。

从本书第四章对成本领先战略和差异化战略的含义、实施要点以及业绩指标使用的偏好与重点的分析可知,由于财务业绩指标是其他维度业绩指标的出发点和落脚点,因此不论业务单元使用何种战略,对财务指标的使用程度没有显著差异。就非财务指标来说,实施成本领先战略的业务单元更加强调内部经营的成本效率指标的使用,相比之下实施差异化战略使用更多的关于顾客、员工的指标,以及反映产品多样化、独特性及生产柔性的指标,差异化程度越高,意味着对非财务业绩指标的使用程度越高。于是,笔者提出下列假设:

假设1:不论业务单元使用何种产品竞争战略(成本领先或差异化),以及对所用战略的强调程度如何,对财务业绩指标的使用程度没有显著影响。

假设2：越强调差异化战略的业务单元，对非财务业绩指标的使用程度越高。

假设3：越强调成本领先战略的业务单元，对反映内部经营成本效率的业绩指标的使用程度越高。

二、多重业绩指标的使用对业绩的影响

尽管扩展业绩评价的必要性得到了人们的普遍认同，但对于应该如何改进存在两种不同的观点，一种认为应该提高业绩评价的多样化，即采用一个包括财务指标和非财务指标的多维评价指标体系，而不论采用的是何种战略；另一种认为业绩评价应与战略相匹配（Ittner，Larcker 和 Randall，2003；Ruddle 和 Feeny，2000）。

1. 业绩指标使用多样化对业绩的影响

不少学者认为，扩展业绩评价指标集合能够提高组织业绩（Edvinsson 和 Malone，1997；Lingle 和 Schiemann，1996）。这种主张的理论依据主要来源于 Holmstrom（1979，1982）的代理理论模型。其前提是管理人员有积极性去关注那些业绩被评价的活动，而忽视那些相关的、但业绩不被评价的活动（Hopwood，1974），提高业绩评价的多样性能够减轻这种负面影响（Lillis，2002）。Datar 等（2001）、Feltham 和 Xie（1994）、Hemmer（1996）、Holmstrom（1979）、Lambert（2001）认为，在没有评价成本的情况下，采用基于非财务指标的激励措施能够改进合约制定，因为它包含了不能被财务指标充分反映的关于管理行为的信息。

但是，也有文献指出了评价多样化的潜在不足。如 Ghosh 和 Lusch（2000）、Lipe 和 Salterio（2000，2002）发现，评价指标多样化增加了业绩评价体系的复杂程度，对管理人员的认知能力提出了更高的要求。Ittner 和 Larcker（1998a）、Moers（2005），认为，业绩指标多样化加重了为不同指标确定相对权重的负担。此外，多重指标之间还可能会发生冲突。

尽管存在上述潜在不足，但已有大量的实证研究提供了业绩评价多样化提升企业经营业绩的证据。例如，Banker 等（2000）通过对18家宾馆的时间序列数据进行分析，发现在管理人员的补偿合约中包括非财务业绩指标的情况下，管理人员更加注重其经营决策和行为的长期影响，从而促进企业业绩的提高。Hoque 和 James（2000）的研究发现，平衡计分卡应用程度较高的企业，即使用更多的包括财务指标和非财务指标的不同类型业绩指标的企业，具有更高的经营业绩。此外，Davis 和 Albright（2004）提供证据表明，那些实施了平衡计分卡计划的银行，其内部业绩指标得到了提高。Van der Stede、Chow 和 Lin（2006）利用来自美国128家制造企业的调研数据，发现那些使用更加全面的业绩评价体系，尤其是包括客观与主观非财务指标的企业，具有更高的业绩，而

不论采用了何种制造战略,这一发现支持了业绩评价多样化提升业绩的观点。Scott 和 Tiessen(1999)也发现,增加对不同类型的业绩指标的使用,与企业业绩之间存在正相关关系。这些结果表明,非财务业绩指标包含了在财务指标中无法反映的增量信息,有助于激发管理努力、改进经营决策、加强管理控制,从而提高企业的经营绩效。Bryant 等(2004)提出,当企业实施兼有财务和非财务业绩指标的业绩评价体系时,与那些仅仅依赖财务指标的企业相比,具有更好的业绩。张川和潘飞(2008)以 158 家中国企业为样本,发现不管企业具有什么样的权变特征,非财务指标应用的程度越高,带来的企业业绩越好。

可见,几乎所有的研究证据都支持业绩指标多样化能够提高企业业绩的观点。因此可以预计,业务单元使用综合业绩评价指标的多样化程度越高,其财务业绩也越高,但这种业绩的提高并不是由于增加了财务指标的使用引起的,而是与非财务指标的使用程度密切相关。于是,笔者提出下列假设:

假设 4:不论采用何种竞争战略(成本领先或差异化),业务单元使用综合业绩评价指标的多样化程度越高,其财务业绩也越高。

假设 5:财务业绩指标的使用程度对业务单元的财务业绩没有显著影响。

假设 6:不论采用何种竞争战略(成本领先或差异化),业务单元使用非财务业绩指标的多样化程度越高,其财务业绩也越高。

2.业绩指标使用与战略之间的匹配对业绩的影响

与支持业绩评价多样化的研究者相反,众多学者如 Chenhall(2003)、Fisher(1995)、Langfield-Smith(1997)等则从权变理论出发,主张业绩评价的最优设计必须视组织战略(和其他组织特性)而定,只有当业绩指标使用与经营战略相互匹配一致时,企业才能获得较高的业绩。权变理论的核心思想是,没有一成不变的、普遍适用的、"最好的"管理理论与方法,企业管理必须根据企业所处的内外部经营环境和条件随机应变,做到因时制宜、因地制宜、因人制宜和因势力制宜。

有关的实证研究强化了这一观点。Govindarajan 和 Gupta(1985)以 8 家公司的 54 个战略业务单元为研究样本,发现遵循扩张型战略(build)的公司需要注意具有长期意义的任务,关注长期标准对组织绩效有正面影响,而遵循收割战略(harvest)的公司则需要关注能够带来短期回报的任务,关注长期标准具有负面影响。Abernethy 和 Lillis(1995)发现,对于实行刚性制造战略的企业来说,对传统的以成本效率为基础的业绩指标的依赖程度,与业绩呈正相关,而在实行柔性战略的企业中则是负相关关系。但是,他们没有分析柔性制造企业使用非财务指标对业绩的影响,而实际上在多数样本企业中非财务指标已被广泛使用。Said 等（2003）也同样研究了企业的经营与竞争特性和业绩指标选择之间的匹配性，以及在补偿合约中加入非财务指标的业绩后果。结果表明，质量关注较高的企业对非财务指标的使用程度更高，并且当非财务指标的使用程度高于或低于基准水平时，企业的业绩较低，这一业绩后果很好地支持了业绩评价的权变理论解释。但是，该研究仅仅用亚变量 1 和 0 反映企业是否使用了非财务指标，变量测度过于粗略，无法区分不同类型的非财务业绩指标。Ittner 等（2003）发现，当非财务指标使用程度低于基准水平时，对业绩没有明显影响，但高于基准水平越多，企业业绩越好，与 Said 等（2003）的结论不完全一致。Ittner 和 Larcker（1995）发现，先进质量计划与非传统（即非财务）指标的增加使用相联系，但非财务指标与先进质量计划的结合并没有提高绩效。Van der Stede 等（2006）发现，强调制造质量的企业增加对客观和主观非财务指标的使用。但是，只有当基于质量的制造战略与主观非财务指标的增加使用联系起来时，才能对业绩产生正向影响，对客观非财务指标则并非如此。Fleming 等（2009）通过分析 104 家中国制造业上市公司的调研数据和公开数据，发现与西方同类研究一样，那些更多地强调增长的中国企业也倾向更多地运用综合业绩评价体系，进而取得更高的业绩。张川和潘飞（2008）的研究表明，相对于选择差异化战略的企业而言，选择成本领先战略的企业，采用非财务指标后会得到更好的业绩后果。

业务单元无论采用何种产品竞争战略，只有当业绩评价指标使用与竞争战略相互匹配起来，才能取得较高的财务业绩。从前面的分析可知，对实行成本领先战略的业务单元来说，如果强调该战略的程度较高，并且使用内部经营成本效率指标的程度也较高，则取得的财务业绩水平也较高。较高的战略强调与较低的成本效率指标使用程度相结合，或较低的战略强调与较高的指标使用相结合，取得的财务业绩都较低。同样地，对实行差异化战略的业务单元来说，较高的战略强调程度与较高的非财务指标（不包括成本效率指标）使用程度相结合，可能会取得较高的财务业绩。因此笔者提出以下两个假设：

假设 7：实行成本领先战略的业务单元，在强调该战略的程度较高，并且成本效率指标的使用程度也较高的情况下，企业取得的财务业绩也较高。

假设 8：实行差异化战略的业务单元，在强调该战略的程度较高，并且非财务指标（不包括成本效率指标）的使用程度也较高的情况下，取得的财务业绩也较高。

第三节　研究方法

一、数据来源

笔者采用调查问卷的方式来收集本章所需的数据,因为这些数据无法从专门的数据库或其他公开来源得到。由于本书的研究主题是业务单元的业绩评价,研究目标是检验制造业务单元的竞争战略对业绩评价指标使用的影响,以及业绩评价指标的使用和选择对业务单元财务业绩的影响。因此,调查问卷发放范围局限于单一经营的制造企业,以及多元化企业中从事产品制造的业务单元,如事业部、分公司、子公司等。

问卷的发放途径包括:(1)通过原宁波市经济委员会高新企业处和中小企业处,以他们的名义向部分制造企业的财务部经理通过E-mail发送电子版问卷,并同本人电话联系说明情况和要求。这些企业大多是长期以来与原宁波市经济委员会联系比较密切的单位,愿意支持配合经济委员会调研活动。原宁波市经济委员会是主管宁波市工业经济的政府部门,笔者曾于2006年在原宁波市经济委员会中小企业处挂职锻炼8个月,这为取得工作人员的协助支持、通过他们发放问卷提供了便利。(2)在原宁波市经济委员会举办的制造企业生产管理培训班上发放问卷,让参加者把问卷带回去交由财务部经理或其他经理人员填写。原宁波市经济委员会每年免费为企业举办各种短期培训班数十期,参加培训班的人员为本地区范围内部分制造企业的生产主管,原宁波市经济委员会要求培训企业填写问卷并在10天内寄回。(3)与浙江万里学院已毕业的会计专业学生取得联系,他们中有些人在制造企业从事会计工作,作者向他们发送电子版问卷,委托他们交给财务经理或其他经理人员填写;(4)在西南财经大学2009级MBA非脱产班级中发放问卷,该班级采用晚上上课的教学安排,笔者要求他们在本单位上班时间,独立或与本单位其他经理人员共同完成问卷填写,并在一周后的上课时间带回来。(5)在西南财经大学2008级MPAcc非脱产班级中发放问卷,该班级采用周末上课的教学形式,同样要求他们根据所在单位的实际情况,独立或合作完成问卷并在一周后带回来。

通过上面多种途径,笔者共发出问卷263份(包括纸质和电子版),收回问卷109份,其中有16份因为重要内容填写不完整或有明显缺陷而无效,实际有效问卷为93份,所以本书的分析样本数量为93家。问卷回收率41.44%,有效问卷回收率为35.36%。

93家样本企业中,52家为浙江省的企业,41家为四川省的企业,分别占样本总数的55.91%和44.09%。这些企业来自制造业的9个二级行业,每个二级行业的样本企业数和占全部样本的百分比如表5-1所示。

表5-1 样本企业二级行业分布表

制造业的二级行业名称	样本企业数	占全部样本的百分比
食品、饮料	15	16.13%
纺织、服装、皮毛	22	23.66%
木材、家具	3	3.22%
造纸、印刷	4	4.30%
石油、化学、塑胶、塑料	10	10.75%
电子	11	11.83%
金属、非金属	7	7.53%
机械、设备、仪表	13	13.98%
医疗、生物制品	8	8.60%
合计	93	100%

在93份有效问卷中,有91份报告了填写人员的职务,其中47份由财务经理或会计部门负责人填写,21份由总经理或副总经理填写,17份由一般管理人员和会计人员填写,6份由其他人员填写。可见,在报告了填写人员职务的91份问卷中,有85份是由企业的财会主管、正副经理和一般管理人员及会计人员填写的,占总数的93.41%。他们对企业经营战略、管理控制活动和业务评价过程有着比较深入的了解,也能够较好地理解问卷中的问题并提供合理的答案。可见,通过问卷调查得到的数据具有一定的可信度。

二、变量界定和计量

1.竞争战略

美国著名竞争战略专家迈克尔·波特提出了三种帮助企业获得长期竞争优势的一般竞争战略,即成本领先战略、差异化战略和目标集聚战略。其中,目标集聚战略是介于成本领先战略、差异化战略之间的折中战略,由于受资源和能力的限制,采用这类战略的企业着眼于缩小业务经营范围和市场领域,主攻某一特定的顾客群、某个产品系列的一个细分市场或某一地区市场进行专业化服务,在选定的市场中,实行成本领先或差异化战略来形成企业的竞争优势和市场地位。因此,目标集聚战略不能作为一种独立的竞争战略,最基本的竞争战略只有成本领先和差异化两种。除了波特的战略划分,还有几种具有代表性的战略划分,如 Miles 和 Snow(1978)的前瞻型、防御型和分析型,Gupta 和 Govindarajan(1984)的扩张型、持有型和收获型,也常常被用于研究战略类型与管理控制系统或业绩指标选择之间的权变关系,如 Abernethy 和 Guthrie(1994)、

Chong 和 Chong（1997）、Ittner 等（1997）、Simons（1995）、Guilding（1999）等。尽管如此，本书研究采用的是波特的战略分类，原因在于两个方面：第一，无论是 Miles 和 Snow（1978）还是 Gupta 和 Govindarajan（1984）的战略分类，体现的是企业的总体经营导向或发展定位，是具体战略指导思想的性质，并非具体的竞争手段，而成本领先或差异化则是企业为了在某一产品市场取得竞争优势的具体手段和策略，具有较强的可操作性，也比较容易为经营单位理解和识别；第二，成本领先或差异化的竞争战略是针对经营具体产品和业务的单一企业和多元化企业中的业务单元而言的，而其他两种战略划分则不仅适用于业务单元，也适用于多元化企业的整体层面。

迈克尔·波特认为，成本领先战略和差异化战略有各自的特点和适用范围，一个企业若要获得高利润，就必须做出明确的战略选择，要么采取强力措施以获得成本领先或至少达到与竞争者同等水平，要么使自己适应某种特定的目标（目标集聚）或获得某种独特性（产品及形象差异）。一个徘徊在成本领先和差异化之间、走中间路线和结合路线的企业，要么是一个业绩不佳的平庸者，要么是一个劳而无功的失败者。企业管理实践中不乏因为竞争战略不明确、"夹在中间"而丧失竞争优势的例子，如意大利的菲亚特等。尽管此后不少学者对成本领先与差异化战略能否结合使用进行了探讨，如 Buffa（1984）、Belohlav（1993）、Crowe 和 Nuno（1991）、Lei 和 Slocum（2005），但没有得出一致的结论。因此，本书研究仍然坚持波特的观点，将成本领先和差异化看作是互斥的两种战略，犹如一条线段上的两个极端点，在线段上的微小移动意味着一种战略倾向的减弱而另一种战略倾向的加强。

本书第四章对成本领先战略和差异化战略的定义与实施要点进行了详细阐述，以此为基础，本章研究在问卷设计中关于战略类型的划分和强调程度的衡量上，分别针对两类战略设计了五个问题，描述企业为了取得竞争优势可能采取的营销与生产策略。问卷要求被调研企业根据当前所运用的竞争战略，分别指出各策略对于企业获得竞争优势的重要程度，并按 1～6 的分值量表进行打分（1=不重要，6=非常重要）。之所以没有采用 Likert 的 5 点或 7 点量表，是考虑到中国人的中庸倾向和谨慎心理，使用 5 点（或 7 点）奇数量表容易导致企业在重要性打分上倾向选择中位数 3（或 4），使用偶数量表则迫使打分者在 3 和 4 之间做出选择，提高分值赋予的分散度和严肃性。

问卷分别从五个方面描述两类策略的具体实施策略。实行成本领先战略的策略包括：（1）利用低价销售优势吸引消费者，扩大销售量和市场份额；（2）产品设计强调标准化、易于制造，不追求品种多样化；（3）扩大生产批量，实现规模效应；（4）提高原材料和设备使用效率，提高产品合格率和劳动生产率，最大限度地降低产品成本；（5）控制管理费用和售后服务、研发、广告、推销等费用。实行差异化战略的策略包括:(1)追求产品多样化和订单个性化;(2)提供独特、新颖、高质量的产品,依靠优质优价扩大盈利;(3)提供优质的售后服务和技术支持;(4)加强新产品研究开发和技术创新;(5)加强广告宣传和营销渠道建设,树立品牌形象,着力开拓新市场,发展新顾客。

考虑到成本领先战略和差异化战略是两种互不相容、两极分化的战略类型,强调成本领先战略程度较高的企业必然差异化程度较低,反之亦然。因此可以预计,追求成本领先战略的企业在前五个问题的重要性打分之和高于实行差异化战略的企业,而在后五个问题上的分值之和低于实行差异化战略的企业,而差异化战略则正好相反。因此,本章研究使用后五个问题总得分减去前五个问题总得分的差值,来衡量企业采用的战略类型和战略强调程度。负差值代表成本领先战略,负值越大说明对成本领先战略的强调程度越高;正差值代表差异化战略,正值越大说明对差异化战略的强调程度越高。

2.业绩评价指标使用

本章研究的业绩评价指标体系以平衡计分卡为基本框架,反映财务、顾客、内部流程、学习与成长四个维度的业绩,每个维度包含多个评价指标。由于每个维度可供选择和使用的业绩指标数量众多,为了便于收集和分析业绩指标使用情况的信息,笔者将反映内容和性质相似的几个单项指标归并为一个指标,以精简业绩评价指标的个数。调查问卷中列出的业绩评价指标包括:(1)销售业绩指标,包括销售量和销售额;(2)销售增长率指标,包括销售量增长率和销售额增长率;(3)产品盈利指标,包括销售毛利率和营业利润率;(4)投资报酬率指标,包括总资产报酬率、净资产收益率、经济增加值(EVA)、调整的经济增加值(REVA)、每股盈余、资本保值增值率等;(5)顾客满意度指标,包括顾客满意度指数、原有顾客保持率、顾客抱怨次数等;(6)顾客增长指标,包括顾客增长率、新顾客获得率、销售总额中来自新顾客的比率、市场份额增长率等;(7)市场业绩指标,包括市场占有率、顾客获利率;(8)经营效率指标,包括产品合格率、劳动生产率、生产批量、产品按时交货率、存货周转率等;(9)生产能力利用指标,包括材料利用率、设备有效利用率、空间利用率等;(10)成本费用控制业绩指标,包括原材料购买价格、单位产品成本、单位产品材料耗用、成本降低率、管理费用或销售费用占销售额百分比;(11)售后服务质量指标,包括售后服务响应时间、售后服务一次性成功比率、产品故障排除及时率、顾客付款的时间、用于售后服务的人力和物力成本等;(12)新产品研发指标,包括投入研发的新产品数量、研发费用占销售收入百分比、研发费用增长率,以及开发成功推向市场的新产品数、新产品开发周期、销售收入中来自新产品的百分比、新产品开发成功率、获得的专利数等;(13)产品性能和质量独特性指标;(14)柔性制造指标,包括产品品种数、产品生产周期、设备调整时间等、个性化订单比例等;(15)员工素质指标,包括高学历员工比例、高职称员工比例、员工从业经验等;(16)员工培训开发指标,包括培训总经费占年销售收入的比例、年人均培训时间、年人均培训次数、员工培训参加率、员工人均培训经费等;(17)员工成长指标,包括员工满意度、员工流动率、关键员工保持率、某技能等级员工增加率、多技能员工比例、员工提出合理化建议的数量、被采纳建议的比例,以及人均生产率、人均销售收入、人均利润等;(18)信息系统与组织程序指标,包括传递和反馈需要的时间、信息覆盖率、信息传递成本、员工拥有电脑的比例、信息化管理普及率,以及员工岗位轮换比率、员工授权程度、知识管理水平、员工激励计划等。

以上18项评价指标中,1~4反映财务维度业绩,5~7反映顾客维度业绩,8~14反映内部流程维度业绩,15~18反映学习与成长维度业绩。在内部流程维度的指标中,8~10侧重于评价成本领先战略的实施努力和效率,11~14侧重于评价差异化战略的实施努力和效率。

问卷要求被调研企业对各项业绩指标的使用程度进行打分,基于与前面同样的考虑,笔者使用1~6分值量表(1=从不使用,6=经常使用)。每项指标的分值高低反映了企业对该指标的使用程度。其中,前面4个指标的分值之和代表财务指标的使用程度,后面14个指标的分值之和代表非财务指标的使用程度,指标8~10的分值之和代表成本效率指标的使用程度,而指标12~14的分值之和代表评价产品独特性和顾客化能力的指标的使用程度。

3. 财务业绩

该研究使用三类财务业绩指标来反映业务单元的财务业绩水平:(1)销售利润率,反映销售毛利率和营业利润率水平;(2)销售增长率,反映销售量增长率和销售额增长率水平;(3)投资报酬率,概括反映总资产报酬率、净资产收益率、经济增加值(EVA)、调整的经济增加值(REVA)、每质股盈余、资本保值增值率等指标的业绩水平。问卷要求被调查企业比较本企业业绩和所在行业平均业绩水平,按1~6分值量表(1=大大低于行业平均水平,6=大大高于行业平均水平),对三类财务指标的业绩分别打分。笔者用三类指标的分值之和衡量业务单元的财务业绩。

在该研究中,对财务业绩的评价使用的是回答者主观感受的相对业绩评价。这种方法也被其他的许多研究者(如Perera,Harrison和Poole,1999;Hoque和James,2000;Aberneth和Lillis,2001)用于评价经营业绩。虽然这种自我排列打分的方法由于存在一定的潜在偏误而受到批评。但由于这种偏误是普遍存在的,不同企业偏误的方向和幅度不同,在多个样本情况下抵消了较大部分偏误对相关性的影响。此外,引入与同行业比较的相对业绩,可以在一定程度上剔除各行业不可控因素的影响,降低评价误差。

4. 规模

该研究以总资产衡量企业经营规模。问卷列出了关于总资产的6个数值区间,要求回答者选择其中一个:500万元以下;500万~2000万元;2000万~6000万元;6000万~2亿元;2亿~6亿元;6亿元以上。总资产在500万元以下的按300万元计算,在6亿元以上的按9亿元计算,在其他区间的则按最低值与最高值的均值计算。所有数据均取自然对数。

5. 市场竞争程度

从哪些方面衡量市场竞争程度,已有许多会计学者提出了不同的看法。1972年Khandwalla提出,价格、产品和营销或分销渠道是构成市场竞争的要素。此后其他研究拓展了Khandwalla(1972)的研究,将市场新进入者、竞争对手战略和行动、竞争对手数量、公司的市场地位也包括进来。如Houqer(2001)认为应该从同类产品的厂家数量、价格竞争程度、分销市场竞争程度、新产品开发竞争程度、竞争对手的强弱程度等五个方面测度市场竞争程度,我国的潘飞和张川(2008)则在借鉴Mia和Clarkie(1998)的基础上,从七个方面衡量市场竞争程度,即:公司所在行业的竞争情况、生产(或服务)技术更新速度、新产品出现的速度、竞争对手的数量、公司占所在行业的市场份额、所在行业受到政府管制的程度、所在行业价格竞争程度。

本章研究要求回答者直接指出本企业所在行业的市场竞争程度,按1~7量表进行打分(1=几乎没有竞争,7=竞争非常激烈)。这是将多种因素综合起来、凭借主观感受的评价方式。尽管很多学者的多因素评价方法似乎更为客观,但也存在弊端,如有些因素反映的是经营环境的不确定性,有些因素之间相互关联、内容交叉重复,并且不同因素反映竞争强度的相关性和重要性存在很大差异。而本研究中回答者的直接打分,是综合考虑各种市场竞争因素的结果,也是企业对市场竞争压力的直观感受,而正是这种综合评价和直观感受驱动了企业的管理决策和控制行为,进而影响了业绩评价指标的使用。因此,主观评价可以较好地度量市场竞争程度。

三、主要变量描述性统计和相关系数

使用前述的变量定义和计量方法,笔者得到所有变量的样本数据。表5-2和表5-3

分别列示了主要变量的描述性统计和它们之间的相关系数。

表5-2 主要变量描述性统计表

	N	Mean	SD	Median	Min	Max
自变量						
Strat	93	−0.76	11.99	−6.50	−18.00	17.00
Copet	93	4.46	1.16	4.50	2.00	6.00
Size	93	18.62	1.49	18.68	14.91	20.62
业绩指标使用						
Finmsr	93	22.87	1.26	23.00	20.00	24.00
Cs	93	3.62	1.39	4.00	1.00	6.00
Cusgr	93	4.05	1.24	4.00	1.00	6.00
Market	93	4.01	1.22	4.00	1.00	6.00
Effic	93	4.53	1.06	5.00	2.00	6.00
Utilz	93	4.30	1.13	4.00	1.00	6.00
Cost	93	4.39	1.23	5.00	1.00	6.00
Afsale	93	3.95	1.31	4.00	1.00	6.00
Rd	93	3.80	1.28	4.00	1.00	6.00
Unique	93	3.68	1.41	4.00	1.00	6.00
Flexb	93	3.66	1.42	4.00	1.00	6.00
Emply	93	4.45	1.00	5.00	2.00	6.00
Train	93	4.25	1.28	4.00	1.00	6.00
Groth	93	3.62	1.32	4.00	1.00	6.00
Organ	93	3.89	1.23	4.00	1.00	6.00
Custmsr	93	11.68	2.64	12.00	4.00	17.00
Nbjymsr	93	28.34	3.31	28.00	22.00	37.00
Xxczmsr	93	16.21	2.70	16.00	9.00	22.00
Nfinmsr	93	56.24	6.28	56.00	43.00	71.00
Cbxlmsr	93	13.22	2.52	13.00	8.00	18.00
Dtdymsr	93	11.17	3.50	11.00	3.00	18.00

续表

	N	Mean	SD	Median	Min	Max
Nfinmsr02	93	43.01	7.78	44.00	26.00	59.00
财务业绩						
Finprf	93	10.29	2.34	10.00	6.00	16.00

变量含义：Strat，竞争战略；Copet，市场竞争程度；Size，公司规模；Finmsr，财务业绩指标；Cs，顾客满意度指标；Cusgr，顾客增长指标；Market，市场业绩指标；Effic，经营效率指标；Utilz，生产能力利用指标；Cost，成本费用控制业绩指标；Afsale，售后服务质量指标；Rd，新产品研发指标；Unique，产品性能和质量独特性指标；Flexb，柔性制造指标；Emply，员工素质指标；Train，员工培训开发指标；Groth，员工成长指标；Organ，信息系统与组织程序指标；Custmsr，顾客指标；Nbjymsr，内部流程指标；Xxczmsr，学习与成长指标；Nfinmsr，非财务指标；Cbxlmsr，成本效率指标；Dtdymsr，产品独特性和顾客化指标；Nfinmsr02，不包括成本效率指标的非财务指标；Finprf，财务业绩。

表5-3 主要变量 Pearson 相关系数表

	Strat	Copet	Size	Finmsr	Custmsr	Cbxlmsr	Dtdymsr	Afsale	Xxczmsr	Finprf
Strat	1.000			*	**	**	**	**	**	
Copet	0.193	1.000					*			
Size	0.018	−0.165	1.000							*
Finmsr	0.360	0.0695	0.0245	1.000		*	**		**	
Custmsr	0.506	0.157	0.196	0.0475	1.000	**	**	**	**	***
Cbxlmsr	−0.797	−0.090	−0.032	0.2595	−0.485	1.000	**	**	**	
Dtdymsr	0.730	0.2297	0.078	0.414	0.3067	−0.591	1.000	**	**	*
Afsale	0.653	0.1043	0.068	0.1987	0.3157	−0.632	0.573	1.000	**	*
Xxczmsr	0.609	0.0409	0.106	0.302	0.533	−0.462	0.494	0.302	1.000	**
Finprf	0.134	−0.122	0.219	0.0449	0.347	0.1027	0.1467	0.314	0.296	1.000

注：*、**分别代表相关系数在0.05、0.01水平上显著（双尾）。

第四节 模型设定和假设检验

一、竞争战略影响业绩评价指标使用的假设检验

前文分析了业务单元的竞争战略对业绩指标使用的影响,并提出了假设1、假设2和假设3。为了检验这三个假设,笔者建立回归模型1、2、3来分析竞争战略对业绩评价指标的影响程度。回归结果见表5-4所示。

(1) $Finmsr = b_0 + b_1 Strat + b_2 Copet + b_3 Size$

(2) $Nfinmsr = b_0 + b_1 Strat + b_2 Copet + b_3 Size$

(3) $Cbxlmsr = b_0 + b_1 Strat + b_2 Copet + b_3 Size$

表5-4 竞争战略影响业绩评价指标使用程度的回归分析结果

模型	1	2	3
因变量	*Finmsr*	*Nfinmsr*	*Cbxlmsr*
Strat	0.0148 (1.163)	0.3543*** (7.254)	−0.1203** (2.132)
Copet	0.00341 (0.307)	0.2467*** (3.007)	0.08156* (1.864)
Size	0.0158 (0.456)	0.9672** (2.126)	0.03627 (0.328)
样本数	93	93	93
调整后的 R^2	0.0937	0.5012	0.4357
F-统计量	0.953	18.12	26.55
P值	0.345	0.0000	0.0000

注:*、**、***分别表示在0.01、0.05、0.10水平上显著(双尾)。

样本回归结果表明,强调差异化战略的程度与财务业绩指标使用程度之间不存在显著关系,表明战略类型对财务指标的使用没有显著影响;强调差异化战略的程度与非财务指标使用程度在0.01显著性水平存在正相关关系,表明差异化程度越高的业务单元,对非财务指标的使用程度越高;强调差异化战略的程度与成本效率指标使用程度在0.05显著水平上负相关,表明遵循成本领先战略的业务单元,对成本效率指标的使用程度显著更高。假设1、2、3均得到检验。此外,笔者发现,市场竞争程度和规模也在一定程度上影响全部非财务指标的使用程度。

由于非财务指标包括顾客、内部流程和学习与成长三个维度的评价指标,因此假设2还隐含着业务单元战略与非财务业绩指标使用的其他相关关系,即强调差异化战

略程度较高的企业,对顾客指标、内部流程指标、学习与成长指标、不包括成本效率指标的非财务指标的使用程度也较高。为了检验这些假设,笔者分别建立模型2-1、2-2、2-3、2-4分析战略对各类非财务指标使用的影响。分析结果如表5-5所示。

表5-5 竞争战略影响各类非财务指标使用的回归分析结果

模 型	2-1	2-2	2-3	2-4
因变量	*Custmsr*	*Nbjymsr*	*Xxczmsr*	*Nfinmsr02*
Strat	0.08357***	0.1078***	0.1429***	0.4146***
	(8.673)	(2.977)	(6.934)	(8.312)
Copet	0.4132**	0.6386*	−0.0876	0.6457**
	(2.037)	(1.784)	(0.892)	(2.976)
Size	0.3302*	0.1892*	0.2832**	0.7582**
	(1.768)	(1.969)	(2.238)	(2.231)
样本数	93	93	93	93
调整后的 R^2	0.2702	0.1746	0.2685	0.6544
F-统计量	10.26	6.29	12.97	43.21
P值	0.0000	0.0008	0.0000	0.0000

注:*、**、***分别表示在0.01、0.05、0.10水平上显著(双尾)。

分析结果表明,业务单元强调差异化战略的程度与顾客、内部业务流程、学习与成长三个维度的非财务指标的使用程度显著正相关。当内部业务流程业绩指标不包括成本效率指标时,差异化程度与内部流程指标使用的相关程度更高。此外,市场竞争程度和业务单元经营规模也在一定程度上影响非财务指标的使用程度。表5-6是采取不同战略的业务单元之间业绩指标使用程度的差异分析表。

表5-6 采取不同战略的业务单元之间业绩指标使用程度的差异分析表

业绩评价指标	成本领先战略 N = 49	差异化战略 N = 44	差 值	P值
Finmsr	10.6283	10.1476	0.4807	0.2451
Nfinmsr	52.2486	60.6579	−8.4039	<0.001
Cbxlmsr	14.8781	11.2857	3.5924	<0.001

两类业务单元之间各项业绩指标使用程度的均值检验(ttest、unpaired)表明,采用成本领先或差异化战略的业绩单元在财务指标的使用上没有显著差异,采取差异化战略的业务单元的非财务指标使用程度显著高于采取成本领先战略的业务单元,而成本效率指标的使用程度则显著低于后者。

二、业绩指标多样化影响财务业绩的假设检验

关于业绩指标使用的多样化程度(或强度)对财务业绩的影响,笔者在前面提出假设4、5、6。考虑到财务指标使用与非财务指标使用之间不存在显著的相关性(相关系数为0.1435,P = 0.108),两个自变量可以放在同一个模型而不引起多重共线性。因此,笔者建立两个回归模型4和5,模型4用来检验假设4,模型5用来检验假设5、假设6。其中模型4中的变量Msruse,代表包括财务指标和非财务指标的综合业绩评价指标的使用程度。回归结果如表5-7所示。

(4) $Finprf = b_0 + b_1 Msruse + b_2 Size$

(5) $Finprf = b_0 + b_1 Finmsr + b_2 Nfinmsr + b_3 Size$

表5-7 业绩指标使用多样化程度(强度)影响财务业绩的回归分析结果

自变量	自变量:$Finprf$	
	模型4	模型5
$Constant$	6.43	6.984
$Msruse$	0.3395** (2.418)	
$Finmsr$		0.0816 (1.276)
$Nfinmsr$		0.2879*** (0.007)
$Size$	0.1832* (1.787)	0.2239* (1.973)
样本数	93	93
调整后的R^2	0.2439	0.2265
F-统计量	5.61	4.63
P值	0.004	0.0057

注:*、**、***分别表示在0.01、0.05、0.10水平上显著(双尾)。

回归结果表明,综合业绩指标的使用程度和非财务指标的使用程度与财务业绩之间存在显著的正相关关系,而财务指标的使用程度与财务业绩之间的相关性不显著。正因为如此,与综合业绩指标相比,非财务指标的使用程度与财务业绩具有更高的相关性。此外,业务单元的经营规模也在一定程度上对财务业绩产生正面影响。

三、战略与业绩指标使用的匹配影响财务业绩的假设检验

假设6预计,对实施成本领先战略的业务单元来说,强调该战略的程度与成本效率指标使用之间的匹配对财务业绩具有正向影响;假设7预计,对实施差异化战略的

业务单元来说,较高的战略强调程度与较高的非财务指标(不包括成本效率指标)使用程度的结合,能够导致较高的财务业绩。为检验这两个假设,笔者分别建立回归模型6和7,分别以实施成本领先和差异化战略的业务单元为样本进行分析。为了便于理解战略与业绩指标使用之间的匹配对财务业绩的影响,对模型6中的 Strat 变量取绝对值,Strat 越大表示强调成本领先战略的程度越高。两个模型中的交叉项 Stract×Cbxlmsr 和 Stract×Nfinmsr02 的系数,分别代表成本领先战略与成本效率指标使用的匹配对财务业绩的主效应,差异化战略与非财务指标(不包括成本效率指标)使用的匹配对财务业绩的主效应。回归分析结果如表5-8所示。

(6) $Finprf=b_0+b_1Strat+b_2Cbxlmsr+b_3Strat\times Cbxlmsr+b_4Size$

(7) $Finprf=b_0+b_1Strat+b_2Nfinmsr02+b_3Strat\times Nfinmsr02+b_4Size$

表5-8 战略与业绩指标使用之间的匹配影响财务业绩的假设检验

	因变量:*Finprf*	
自变量	模型6	模型7
Constant	15.042	4.3749
Strat	1.7859 (0.891)	1.0582 (1.067)
Cbxlmsr	2.8363** (2.238)	
Nfinmsr02		0.8387** (2.339)
Strat×Cbxlmsr	0.3674* (2.063)	
Strat×Nfinmsr02		0.0826** (2.421)
Size	0.4898* (1.809)	0.5672* (2.176)
样本数量	49	44
调整后的 R^2	0.1241	0.2118
F-统计量	2.23	3.44
P值	0.0256	0.0199

注:*、**、***分别表示在0.01、0.05、0.10水平上显著(双尾)。

回归结果表明,成本领先战略的强调程度与成本效率指标使用之间的匹配在0.1

显著性水平上与财务业绩存在正相关关系,差异化战略强调程度较高并且非财务指标(不包括成本效率指标)使用程度较高的业务单元,具有显著较高的财务业绩。这支持了业绩指标使用与战略之间的相互匹配提升财务业绩的观点。

第五节　研究结论与局限性

业绩评价体系是管理控制系统的重要组成,目的在于支持经营战略的有效执行,因此业务单元业绩评价指标的选择和使用取决于它所遵循的竞争战略以及对该战略的强调程度。大量的国外文献提供了战略导向影响业绩指标使用的经验证据,但有关中国背景或以成本领先和差异化战略对业绩指标使用的研究极少。此外,代理理论认为业绩评价指标多样化有助于提升企业业绩,权变理论认为那些将业绩指标使用程度与所强调的战略匹配一致的企业,才能取得较高的经营业绩。西方国家的绝大多数研究支持了这两种观点,但也存在不一致的结果,并且极少有中国背景的研究。基于此,本书以中国企业为研究对象,以波特的战略分类为基础,研究战略是否对业绩评价指标使用产生影响,使用多样化的业绩评价指标能否提升企业业绩,以及战略与业绩指标使用之间的匹配能否带来更高的经营业绩。

利用浙江和四川两地的93家制造业单一经营企业或业务单元的调研数据,笔者发现:业务单元的战略类型及战略强调程度,对财务指标的使用程度没有显著影响。强调差异化战略程度较高的业务单元,对非财务指标使用的程度也显著较高。业务单元强调成本领先战略的程度与成本效率指标的使用程度显著正相关;财务指标的使用程度与财务业绩之间不存在显著的相关性,使用综合业绩指标和非财务指标的程度较高的业务单元,其财务业绩也显著较高。成本领先战略与成本效率指标使用之间的匹配对财务业绩有正面影响,强调差异化战略程度较高,并且非财务指标使用程度较高的业务单元,具有显著较高的财务业绩。总之,本书的研究支持了战略影响业绩指标使用、业绩评价多样化提升财务业绩、战略与业绩指标使用之间的匹配带来较高的财务业绩的观点。

本书的研究存在两个方面的局限性。第一,笔者以波特的竞争战略为战略分类的基本框架,将成本领先战略和差异化战略看作是两种互不相容的战略,采取其中的任何一种都可以给企业带来竞争优势,同时采取两种战略则将陷入"夹在中间"的困境,无法获得竞争优势。因此,本章在度量成本领先和差异化战略的强调程度时,按照一条线段上从低到高的连续变量来处理。调查问卷中要求制造企业分别对两种战略的五种具体策略的重要性程度进行打分,然后以差异化导向选项的得分减去成本领先导向的选择得分,负值越大表示强调成本领先的程度越高,正值越大表示强调差异化的程度越高。但也有不少学者(如 Drucker,1990;Jones 和 Butler,1988、De Toni 和 Tonchia,2001)提出,两种战略的有效融合有助于提高企业的竞争优势。并有研究者提供证据表明,采取联合战略的业务单元使用综合业绩指标的程度高于采用单一战略的业务单元,如 Lillis 和 Veen-Dirks(2005)。本章的战略度量及其与非财务指标使用之间关系的假设,与这些观点不相吻合。第二,本章关于竞争战略、业绩指标使用程度和财务业绩的计量,均来自企业对问卷中相关问题的回答,大多数业绩评价指标是多个具有相似属性的单个指标的复合体,对财务业绩水平的判断是与行业平均水平相比较的结果。这就要求问卷填写人员必须对企业的战略导向和竞争策略、企业生产经营活动的所有重要方面、业绩评价指标使用情况,以及所在行业和本企业的业绩高低有着非常深入和全面的了解,并且在回答问题时保持客观和认真的态度。但在实际过程中,往往可能因为填写人员对上述情况的掌握不足、保守意识、认真程度,使得问卷调查信息缺乏可靠性和客观性,从而影响研究结果的有效性。

第六章 顾客满意度与财务业绩的相关性研究——产品竞争程度的调节作用

第一节 研究背景

鉴于传统的基于财务指标的业绩评价体系的不足,越来越多的学者主张在财务业绩指标的基础上加入非财务指标,建立多重或综合业绩评价体系。其基本依据是与财务指标相比非财务指标更为广泛,并且是财务业绩的先导指示器,这是平衡计分卡业绩指标设置和逻辑体系设计的前提。卡普兰认为只有那些对财务指标有驱动关系的非财务指标才应该加入平衡计分卡模型,也就是说,在平衡计分卡模型中财务与非财务指标之间应该具备因果关系,只有这样才能保证非财务指标存在的合理性,使得财务指标与非财务指标在业绩评价范式中保持平衡。

随着非财务指标被大力提倡并得到越来越广泛的应用,非财务指标的业绩后果或者与未来财务业绩的相关性问题近年成为国外的研究热点,其中顾客满意度是一个企业长期成功最重要的驱动因素和最为广泛研究的非财务指标(如 Banker 等,2000;Behn 和 Riley,1999;Ittner 和 Larcker,1998;Smith 和 Wright,2004)。Ittner 和 Larcker(2001)通过一项对148家金融服务企业的高级管理人员的调查研究表明,顾客满意度被列为促进企业长期经营成功的最重要的驱动因素,相比之下,短期财务业绩的重要性仅仅被列为第五位。正是由于认识到顾客满意度的重要性,大多数公司投入大量资源努力提高顾客满意度,管理人员也依据该指标进行经营决策。此外,Ittner 等(1997)发现,在将非财务指标使用于高管奖金合约的企业中,有37%的企业包括了顾客满意度指标。

鉴于在顾客满意度上的资源投入及其经济后果,理解顾客满意度和未来财务业绩之间的相关性显得十分重要。

尽管顾客满意度对提升企业经营业绩的重要性已经成为学术界和实务界的共识,但是,前人关于非财务指标与财务业绩之间相关性的经验研究却提供了不一致的结果。大多数研究证实了顾客满意度和未来财务业绩之间的正相关关系,但另一些研究却发现顾客满意度对财务业绩的影响因行业和企业的不同而不同。不一致的研究结果表明,顾客满意度和未来财务业绩之间的关系可能是情景依赖的,因此,理解和研究调节这一关系的因素显得十分重要。尽管有研究者猜测不一致的结果可能是由于情景因素造成的(Ittner 和 Larcker,1998;Lambert,1998),但很少有研究提供情景因素如何影响满意度和业绩关系的经验证据。经济学文献提出,在顾客满意度与未来财务业绩的相互关系中,竞争作为一个主要的调节因素发挥作用,使得满意度和业绩关系在不同行业和企业之间存在差异。正是受到不一致的研究结果和竞争调节作用的驱动,本章引入产品竞争程度这一调节变量,分析产品竞争程度如何影响顾客满意度与未来财务业绩之间的相关关系。

此外,目前关于顾客满意度和未来财务业绩相关性的研究几乎都是以西方发达国家为背景的,极少有针对中国企业的相关研究。经过多年的改革开放,我国的社会主义市场经济已日趋完善,越来越多的企业认识到只有提供的产品和服务实现顾客的价值最大化,才能获得竞争优势、实现经营目标,很多企业开始实施以顾客满意度为导向的营销战略,并花费大量成本力图提高顾客满意度。但是,顾客满意度的提高是否一定带来未来财务业绩的改善尚未得到实证检验。由于我国与西方发达国家在经济、政治、文化等方面均存在一定的差异,西方国家关于顾客满意度与财务业绩关系的研究结论不一定适用于我国企业。虽然迄今为止仅有的两项以国内企业为样本的研究证实了顾客满意度与财务业绩之间的正相关关系,但他们在顾客满意度的测度上都存在一定的问题。

正是基于该问题研究的重要意义以及目前研究中存在的矛盾和不足,笔者在本书的这一章以中国上市公司为对象,研究各品牌产品的顾客满意度是否与该产品生产企业或产品分部[①]的财务业绩之间存在显著的正相关关系,以及产品竞争程度是否对满意度和业绩关系具有调节效应。本章研究中每个产品品牌的顾客满意度指数,是专业研究机构进行大样本顾客调查得到的结果,因而具有很高的可信度和影响力。财务业

[①] 作为样本的上市公司中,有些经营单一产品类别,有些则经营多种不同类别的产品,这些公司中生产某种产品的分部实际上就是多元化企业中的业务单元。

绩来自CSMAR数据库和上市公司年度报告中的分部信息,产品竞争程度以制造业中各类产品所属的制造业细分行业的销售利润率来衡量,这些来源保证了数据的可靠性。本章研究内容包括两个方面的主题,一是检验顾客满意度与企业或业务单元的财务业绩之间的相关关系,二是检验产品竞争程度对满意度和财务业绩关系的影响。为此笔者建立了一系列回归模型,以顾客满意度指数为自变量,因变量是财务业绩,包括产品销售额、销售增长率、销售毛利率,以及企业整体的总资产报酬率、净资产收益率、扣除非经常损益的总资产报酬率。

研究结果表明,顾客满意度与全部六个财务业绩变量之间均存在显著的正相关关系,产品竞争程度对满意度和财务业绩关系具有调节效应,也就是说,竞争程度较高的产品的顾客满意度与多数财务业绩变量之间具有更高的相关关系。

本章至少从以下三个方面对相关文献做出了贡献:第一,本章研究提供中国背景的证据证实,中国企业的产品顾客满意度与企业财务业绩之间同样存在着显著的正相关关系;第二,本章研究采用权威机构调查和发布的顾客满意度指数检验顾客满意度的价值相关性,这在国内相关研究属于首创;第三,本章研究引入产品竞争程度这一调节变量,分析产品竞争程度对满意度和财务业绩关系的影响。

本章的余下部分安排如下:第二节为文献综述和假设提出;第三节为研究设计,包括变量定义与测度和模型设定;第四节是结果分析;第五节为研究结论、局限性和未来方向。

第二节 文献综述与假设提出

一、非财务业绩指标优越性和绩效后果

企业追求长期竞争优势的努力推动了非财务业绩指标的使用。为了获得竞争优势,企业提供的产品和服务必须使顾客获得最大的价值增值。顾客导向的经营理念和管理实践,需要企业建立以顾客为中心的业绩评价体系,以便更好地评价组织的经营效率和效果(Montgomery等,1997)。致力于获得竞争优势而非短期成本节约的企业,他们的战略目标更加关注长期财务业绩。但是,大多数财务指标仅仅是对过去业绩的事后反映,而无法预测未来,也不能即时、动态地反映和评价生产经营活动的过程和结果。Nanni、Miller和Vollmann(1998)认为,过分注重财务报告目标和有形产出,是当前成本会计体系的一个最大的缺点。Kaplan(1984)和Fitzgerald等(1994)认为,对短期财务业绩的关注,可能导致许多企业忽视影响企业成功的重要因素。因此,仅仅依靠单一的财务

指标不足以保证企业经营目标的实现,必须引入非财务指标作为补充,非财务指标所具有的全面性、前瞻性、及时性、动态性、外向性等特点,可以很好地弥补传统的财务指标业绩评价体系的不足。因此在业绩评价实践中,很多试图通过创新性的质量导向管理战略提升竞争优势的企业,纷纷采用包括大量财务指标和前瞻性的非财务指标的业绩评价体系。一整套平衡的、指标间相互补充的业绩评价指标体系,应该优于仅仅包括财务指标的指标体系,因为前者提供了更多的关于公司经营成功的关键方面的信息[1]。

大量的管理会计文献对非财务指标的潜在益处进行了广泛探讨,如 Eccles(1991)、Johnson 和 Kaplan(1987)、Kaplan 和 Atkinson(1989)、Lambert(2001)、Schiff 和 Hoffman(1996)。卡普兰和诺顿(1996)认为,在业绩评价体系中结合使用非财务指标可以帮助管理人员更好地理解各种战略目标之间的联系,向员工传达其行为与战略目标的关联性,并根据这些目标确定重点和分配资源。Barua 等(1995)认为,与财务指标相比,将非财务指标融入业绩评价体系能够提供关于管理努力的、更加直接和及时的反馈,为他们迅速采取正确行动或纠正偏差创造了条件。Rees 和 Sutcliffe(1994)认为,与成本分配或资产负债表定价相比,非财务指标不容易受到人为操纵,因为他们较少依赖管理人员的主观判断。

经济理论认为,业绩评价不应仅仅包括财务业绩指标,还应包括反映管理行为不同方面的非财务指标(Banker 和 Datar,1999;Ittner 和 Larcker,1998)。根据代理理论(Banker 和 Datar,1989;Feltham 和 Xie,1994;Holmstrom,1979),如果非财务指标提供了财务指标所不能反映的关于管理人员行为的增量信息,则在管理补偿合约中应该包含非财务指标[2]。在管理人员的补偿合约包括非财务指标的情况下,管理人员能够更加密切地将他们的努力与这些指标所关注的方面统一起来,从而导致公司绩效的改善(Banker 等,2000)。

众多的研究提供了非财务指标使用具有经济后果的经验证据。如,Said 等(2003)使用 1993—1998 年期间的面板数据,发现在高管补偿合约中结合使用财务指标和非财务指标的公司,具有显著更高的资产报酬率和市场报酬率水平。Droge 等(2000)发现,缩短新产品进入市场的时间,能够带来较高的初次定价、更高的市场份额和顾客忠诚,以及良好的成本效益。此外,Sim 和 Koh(2001)的研究结果表明,技术创新、新产品开发时间和顾客等方面的业绩指标,与较低的制造成本、较高的销售额和较大的市场

---

[1] McMann 和 Nanni(1994)在一张表格中列出了良好的、评价关键成功因素的业绩指标应该具有的属性。仔细研究表格可以清楚地知道,单一指标很难同时具备表格中列出的所有属性。Banker 和 Johnston(2000)也对业绩指标应该具有的特征进行了探讨。
[2] 当然,必须考虑非财务指标的信息搜集成本,以及使用这些指标给经营者带来的风险。

份额联系在一起。

不论是增长、利润还是股东价值,财务指标始终是大多数公司的主要目标。主张使用非财务指标的理论对非财务指标与财务业绩之间的关系进行了阐述。例如,卡普兰和诺顿的平衡计分卡(1992,1996)和 Epstein 和 Westbrook(2001)的活动——利润关联模型,都强调业绩指标必须与战略联系起来,以及不同战略目标之间必须相互联系。卡普兰和诺顿(1996)认为,平衡计分卡不仅仅是不同类别的财务指标和非财务指标的简单集合,而是根据商业模式建立出来的一整套有机结合的指标体系,它反映了业绩指标和经营结果之间的因果关系。

战略目标关系图显示,某些目标的实现会对其他目标产生积极影响,表明不同战略目标之间具有直观的因果关系。衡量和理解这些影响有助于企业更好地预测可能导致的结果,并采取相应的行动。研究业绩指标之间的相关性有助于研究者和管理人员更好地理解业绩驱动因素和分析方法。

二、顾客满意度与未来财务业绩的价值相关性

顾客满意度作为最常用的非财务指标之一,越来越受到学术界和实务界的广泛关注。市场营销理论认为,较高的顾客满意度意味着较低的市场营销成本、较小的价格弹性和较高的顾客忠诚度,从而导致企业财务业绩的提高(Reichheld 和 Sasser,1990;Fornell,1992)。具体来说,顾客满意度对企业财务业绩的影响主要表现在以下几个方面:(1)较高的顾客满意度不仅提高了顾客重复购买同一企业产品的意愿,而且还可以通过"口头广告"吸引新顾客,较高的顾客保持率和顾客增长率不仅扩大了企业的销售收入和市场份额,而且能够产生规模经济、降低生产成本,进而提高企业的盈利能力和资产收益率;(2)较高的顾客满意度可以提高顾客忠诚度,降低顾客对产品价格的敏感性,从而提高产品销售毛利率;(3)提高顾客满意度可以降低交易成本。因为较大比例的销售额来自老顾客的重复购买和扩大购买,企业与顾客之间已经建立起相互信任和长期合作关系,从而大大降低了购销合约的签订和履行成本。同时,较高的顾客保持率可以节约企业为吸引和获得新顾客所花费的成本;(4)高的顾客满意度意味着企业不必在处理顾客不满行为上花费较多的资源,交易失败成本大大下降;(5)高的顾客满意度能提升企业总体形象和声誉,形成了企业的一项重要资产——商誉。尽管现行会计准则并不确认和计量这种自创的无形资产,但大量的相关研究表明,商誉能够给企业带来长期超额回报和竞争优势,从而提高企业的盈利能力。

大多数前人研究证实了顾客满意度和未来财务业绩的正相关关系[(Behn 和 Riley(1999)、Ittner 和 Larcker(1998)、Banker 等(2000)、Bernhardt 等(2000)、Smith 和 Wright

(2004),Dikolli 等(2000)]。例如,Anderson 等(1994,1997)使用代表不同行业的 77 家瑞士企业的截面数据,发现在控制了过去的收益率和时间趋势,当期会计业绩与顾客满意度成正比。Ittner 和 Larcker(1998)分别使用顾客层面、业务单元层面和企业层面的数据,研究了顾客满意度和企业业绩之间的关系,他们发现企业层面的顾客满意度和企业当期市场价值显著相关,但与当期会计指标和市场报酬率没有显著关系。Banker 等(2000)研究了一家接待公司所经营的 18 家酒店的面板数据,发现顾客满意度指标能够很好地预测未来盈利能力;Said 等(2003)提供了非财务业绩指标与经济业绩正相关的证据,但其相关性取决于非财务指标的使用是否与公司特征匹配。Bernhardt 等(2000)发现,快餐店的顾客满意度水平与未来一年的盈利能力之间存在着显著的正相关关系。Miguel 等(2004)发现在超市零售行业的顾客满意度和销售业绩存在显著的正相关关系。

上述研究基本上是以西方国家为背景展开的,以中国企业为对象的相关研究则极为少见。张川和潘飞(2006)以《国有资本金绩效评价规则》中的评议指标"产品市场占有能力(服务满意度)"为顾客满意度的替代变量,以上海市国资委对口管理的 76 家国有企业为样本,发现顾客满意度高的企业具有更高的盈利能力,并且盈利能力的提高途径更可能是提高产品利润率而不是扩大销售。杨立芳(2009)通过问卷方式测评民营企业的单个顾客满意度、业务单元满意度和总体顾客满意度,并分别将他们与财务业绩回归,发现总体顾客满意度能在一定程度上解释财务业绩。虽然这两项研究对中国背景下顾客满意度与财务业绩之间的相关性问题做了有益的探索,但他们在顾客满意度变量测度方面都存在一定的不足,削弱了研究结论的说服力。前者的"产品市场占有能力(服务满意度)"指标包含了很多顾客满意度之外的内容,而后者采用企业自我打分方式不仅无法反映顾客对产品(服务)的性能和质量的真实感受,而且测评中问项设计的适当性也值得商榷。

提高顾客满意度有助于提升企业财务业绩,但从另一方面来看,为了提高顾客满意度,企业需要投入大量的附加成本(Lancaster,1979;Bowbrick,1992),而这种投入能否带来相应的业绩改进存在极大的不确定性。正因为如此,尽管大多数研究支持了顾客满意度与财务业绩的正相关关系,但另外一些研究却得出了不一致的结果。有的研究没有发现顾客满意度和财务业绩的显著正向关系,有的甚至发现了负相关关系。例如,Anderson 等(1997)发现与服务企业相比,制造企业顾客满意度的正面效应更加突出。根据 Bernhardt 等(2000)分析了 342308 名消费者、3009 名员工 12 个月内对饭店业绩的反馈,没有发现满意度与财务业绩之间的显著关系。但是通过时间序列分析,他们却发现顾客满意度的变化与业绩的变化之间存在着显著的正相关关系。Ittner 和

Larcker(1998)发现在制造行业和金融服务行业,顾客满意度与市场价值之间存在正相关关系,但在零售行业中却存在负相关关系。Tomow 和 Wiley(1991)运用问卷调查的数据,发现了顾客满意度和产品销售毛利的负相关关系。Yeung 和 Ennew(2000)利用美国消费者满意指数(ACSI)检验了顾客满意度和一系列财务指标的关系。他们的研究结果总体上支持高满意度会带来正向财务影响的结论,但直接的影响不是很大。

基于上述分析,笔者预计产品的顾客满意度水平与企业或业务单元的财务业绩之间存在显著的正相关关系。由于财务业绩体现在销售业绩、产品销售利润率、企业资产报酬率等多个方面,因此笔者提出以下三个并列的假设:

假设1:产品的顾客满意度与该产品的销售业绩正相关。

假设2:产品的顾客满意度与该产品的销售利润率正相关。

假设3:产品的顾客满意度与生产企业的资产收益率正相关。

三、产品竞争程度在满意度和财务业绩关系中的调节作用

不少学者对非财务指标与未来财务业绩之间的关系进行了研究,但得出了不一致的结果,说明这些关系可能是情境性的(卡普兰和诺顿,1992;Ittner 和 Larcker,1998)。某些情景变量可能在顾客满意度和财务业绩之间的关系中起了调节作用(Moderating Role),而早期研究普遍忽视了这样一个事实,即在某些竞争环境中非财务指标与财务业绩之间可能并不存在较强的相关性。因此,在将非财务指标应用于管理决策制定和管理控制系统设计之前,企业必须了解调节这些关系的各种因素。只有充分认识企业和业务单元的竞争环境,才能理解非财务指标与财务业绩之间的真实关系。在有着高水平竞争的地方,强调非财务指标才有意义。

Lambert(1998)认为,顾客购买行为受到经济环境特征如竞争水平的影响。以往的众多研究早就指出,在顾客满意度与绩效后果、包括顾客保持与财务业绩之间的关系中,竞争作为一个主要的调节因素发挥作用(Anderson 和 Mittal,2000)。他们认为,竞争降低了处于较低满意度关系中的顾客的退出壁垒,从而提升了顾客满意度的重要程度。在顾客对当前的产品和服务提供商不太满意的情况下,他们需要考虑转向其他供应商的成本和收益。处于高竞争行业中的顾客能够很容易地转向其他供应商,因为此时顾客具有较高的讨价还价能力,转向其他供应商可能因获得更有利的交易条件而增加收益,而转移成本则相对较低。因此,当产品竞争程度较高时,顾客满意度与未来财务业绩之间应当具有更强的相关关系。反过来,处于较低竞争行业中的顾客很可能仍然从原有的供应商那里购买产品,尽管他们并不感到十分满意。因此,Keaveney(1995)认为,在竞争程度较低的行业中,顾客满意度对未来经济利益的影响明显减弱了。

这些观点得到了较多的实证证据的支持。例如，Anderson(1994)发现，竞争提高了重复性购买概率对于顾客满意度的反应系数。另外一些研究则证实了竞争在顾客导向战略与业绩之间的联系中的调节作用，如 Kohli 和 Jaworski(1990)，Slater 和 Narver(1994)，Banker 等(1996)，Chong 和 Rundus(2004)。Anderson 和 Mittal(2000)认为，顾客满意度计划的实施并不总能产生预计的结果，为了取得的良好的经营业绩，一个重要的步骤就是必须认识到满意度——业绩链是非对称和非线性的。他们发现竞争性经营环境提高了顾客满意度对于企业未来业绩的重要性。Banker 和 Mashruwala(2007)以一家零售连锁公司的 800 多家分店为样本进行研究，发现只有在竞争程度较高的市区，顾客满意度在预测分店未来盈利能力方面具有显著的信息增量。

混合结果表明这些关系可能是情景依赖的，因此理解调节这些关系的因素显得十分必要。Lambert(1998)认为，顾客购买行为受到经济环境特征如竞争水平的影响。因此笔者认为只有考虑到业务单元的竞争环境，才能更好检验非财务指标与财务业绩之间的相关性。在有着高水平竞争的地方，强调非财务指标才有意义。

根据前面的分析，笔者预计与竞争程度较低的产品相比，竞争程度较高的产品顾客满意度与企业或业务单元财务业绩之间存在更强的相关性。因此，笔者提出三个并列的假设：

假设4：竞争程度较高的产品的顾客满意度与产品销售业绩之间具有更高的相关性。

假设5：竞争程度较高的产品的顾客满意度与产品销售利润率之间具有更高的相关性。

假设6：竞争程度较高的产品的顾客满意度与企业资产报酬率之间具有更高的相关性。

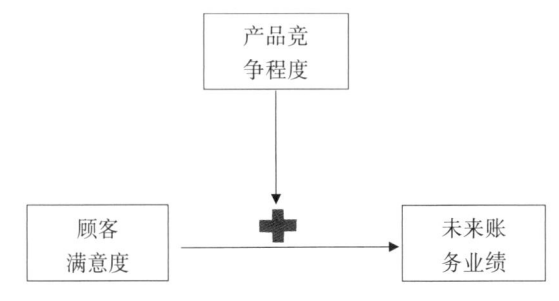

图6-1 产品竞争程度在顾客满意度与财务业绩之间关系中的调节作用

第六章　顾客满意度与财务业绩的相关性研究——产品竞争程度的调节作用

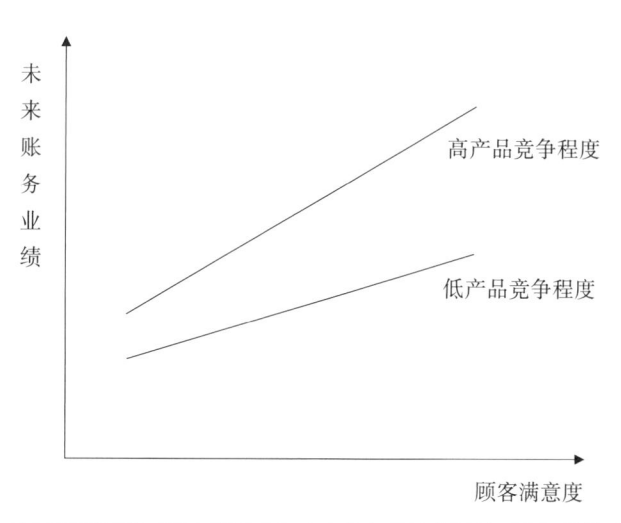

图6-2　产品竞争程度对顾客满意度和未来账务业绩之间关系的调节效应示意图

第三节　样本选择

构成本章研究的企业样本要求同时具备三个条件：第一，在2003—2009年度《中国顾客满意度手册》[①]中公布了该企业产品品牌的顾客满意度指数；第二，属于在沪深两市和中国香港上市的股份公司，其财务报告信息可以通过公开途径取得[②]；第三，在年度财务报告的报表附注中对具体某种产品的主营业务收入和主营业务成本进行了明确而详细的披露。《顾客满意度手册》列出的产品包括耐用消费品和非耐用消费品两类，其中，耐用消费品类选择了3年内中国家庭保有量排在前六位的品牌，非耐用消费品选择了1年内中国家庭消费量排在前六位的品牌。个别年度还列出了生活服务类的顾客满意度，但考虑到服务业的地域特征和产品与行业的特殊性，不包括在本章研究的样本之中。另外，2005年度列出了汽车品牌的顾客满意度指数，但由于不同品牌或同一品牌不同系列的产品在质量和价格上存在很大的差异，加大了满意度与业绩间关系分析的复杂性，因而也排除在样本之外。

虽然2003年和2005—2009年度《中国顾客满意度手册》中列出了较多的产品种类，每种产品一般包括六个品牌，但相当一部分是外国品牌或非上市公司制造的产品，即使是上市公司的产品，有一部分由于年度报告中产品分项披露不够具体而无法获得

[①] 由于某种原因，顾客满意度测评机构没有发行2004年度《中国顾客满意度手册》，因此所有样本的数据期间为2003年和2005年至2009年共6个年度。
[②] 本章研究通过中国证监会网站、新浪财经网、上市公司网站、CSMAR数据库等途径获得上市公司财务报告信息。

该产品的销售和成本数据。最终,本章研究收集到年度样本共295个即同时具备顾客满意度指数和财务业绩数据的产品。这些产品的生产企业分别来自制造业的11个细分行业,具体分布如表6-1所示。表6-1列出了能同时收集到顾客满意度指数和财务业绩数据的产品的细分行业名称、包含的产品种类和产品,即年度样本个数。

表6-1 样本制造企业细分行业分布图

制造业细分行业名称	自编代码	产品种类	产品(年度样本个数)
食品加工业	11	01火腿肠	11
食品制造业	12	01方便面,02食醋,03奶粉,04液体奶	37
饮料制造业	13	01软饮料,02白酒,03啤酒,04葡萄酒	37
服装及其他纤维制品制造业	14	01西装,02衬衫	17
皮革、毛皮、羽绒及制品制造业	15	01羊毛(绒)衫,02羽绒服,03运动鞋	10
化学原料及化学制品制造业	16	01洗衣粉,02牙膏	13
交通运输设备制造业	21	01摩托车	24
电器机械及器材制造业	22	01冰箱,02空调,03洗衣机,04油烟机,05热水器,06电磁炉(微波炉、电饭锅)	91
日用电子器具制造业	23	01电视机,02DVD	25
计算机及相关设备制造业	24	01台式电脑,02笔记本电脑	14
通信及相关设备制造业	25	01电话机,02手机	16

第四节 变量定义和测度顾客满意度

一、中国顾客满意度指数(CCSI)的概念和测评

1999年国务院颁布的《关于进一步加强产品质量工作若干问题的决定》提出:"要研究和探索产品质量用户满意度指数评价方法,向消费者提供真实可靠的产品质量信息"。为贯彻落实国务院的要求,原国家质检总局组织有关单位进行了中国顾客满意度指数课题的研究,承担课题研究的中国标准化研究院和清华大学经济管理学院中国企业研究中心等单位借鉴国外主要发达国家的经验,结合我国实际情况,开发并完成了中国顾客满意指数模型[①],2002年通过科技部的鉴定,2003年正式投入实际应用。从

[①] 中国顾客满意度指数(CCSI)的定义与测评方法,主要参考2003—2009年《中国质量》中关于"中国各行业主要品牌顾客满意度测评结果"的报告。

2003年年初开始,中国标准化研究院和清华大学经济管理学院中国企业研究中心以第三方的形式正式对各种消费品和服务进行顾客满意度指数调查,并向全社会消费者正式发布各行业主要品牌的顾客满意度指数。

顾客满意指数是指通过特定的因果关系模型对顾客满意度的测评结果。这里的顾客是指购买过并使用过某种产品或服务的消费者、客户和顾客,这里的顾客满意度是指顾客对购买并使用过的产品或服务满意程度的心理感受。

中国顾客满意度因果关系的基本测评模型借鉴了美国、欧洲各国等的顾客满意度测评模型的优点,并结合了中国消费者行为的实际特点构建的(见图6-3)。该基本模型包含6个结构变量,它们是品牌形象、预期质量、感知质量、顾客满意度和顾客忠诚度。这些结构变量在模型中形成了11种因果关系,每个结构变量由若干观测变量测评。顾客满意度是最终要得到的目标变量,品牌形象、预期质量、感知质量和感知价值是顾客满意度的原因变量,而顾客忠诚度则是顾客满意度的结果变量。由于各种产品或服务存在类别差异,所以不同产品或服务测评模型略有不同。

品牌形象是指顾客在购买某公司(或品牌)产品或服务之前,对该公司(或品牌)的印象;预期质量是顾客在购买和使用某品牌产品或服务之前对其质量的估计;感知质量测评顾客在购买和使用产品或服务以后对其质量的实际感受;感知价值体现了顾客在综合产品或服务的质量和价格以后对它们得到利益的主观感受。上述各变量通过因果关系模型计算就得到顾客满意度指数,这是一项依据多项相关指标计算出来的综合性指标,以百分制表示,分数越高代表顾客的评价越高。顾客忠诚度是指顾客对某品牌产品或服务的忠诚程度。

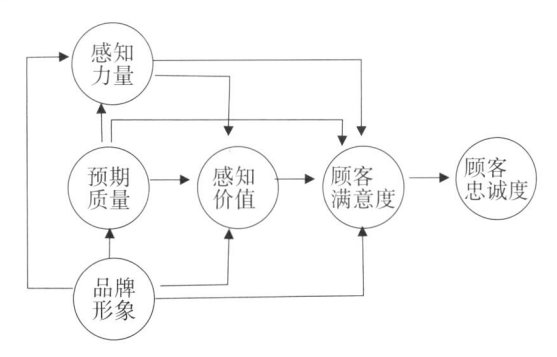

图6-3 中国顾客满意度指数测评基本模型

顾客满意度调查利用计算机辅助电话访谈系统通过随机抽样的方式进行。调查时间一般为每年的上半年,合格的访谈对象为18岁到70岁的个人消费者。对于耐用消费品类,被访问者需要在3年内购买和使用过所调查品牌;对于非耐用消费品类,被访问者需要在6月内购买和消费过所调查品牌。随机抽样的母本为中国最主要的50

个城市和郊区的居民,每个品牌的每种产品抽取了250个有效样本。数据计算结果通过了信度和效度检验,几乎所有公布的品牌产品的顾客满意度数据在90%置信区间的误差不超过2.00。

二、财务业绩指标的定义和计算方法

本章研究采用的财务业绩指标包括产品的销售业绩、销售利润率和企业整体的资产收益率三类。其中,产品销售业绩采用销售收入和销售增长率两个指标,产品销售利润率用销售毛利率表示,企业的资产收益率包括总资产报酬率、净资产收益率和扣除非经常损益的总资产报酬率。

1. 产品销售收入[①]。该指标数据来自年度报告该产品分部的主营业务收入。产品销售收入一定程度上反映了消费者对该产品的质量、外观设计、产品售后服务质量等方面的评价、感受和认同程度。一般来说,在资产规模、产品竞争程度等因素相同的情况下,顾客对该企业所生产销售的产品的满意度越高,企业实现的销售收入就越大。

2. 产品销售收入增长率。该指标的计算公式为:产品销售收入增长率 =(当年产品销售收入－上年产品销售收入)÷上年产品销售收入×100%。该指标反映了产品的市场竞争能力和市场扩张能力。高的顾客满意度必然带来较高的顾客忠诚和产品声誉,在这种情况下不仅原有的顾客可能会重复购买该品牌的产品,而且较高的产品与企业知名度以及良好的口碑使得越来越多的消费者了解和认可该产品,在购买此类产品时增加选择这一品牌的可能性。因此可以推断,在控制其他影响顾客销售收入的因素的情况下,满意度较高的产品,其销售收入的增长率也较高。

3. 产品销售毛利率。该指标的计算公式为:产品销售毛利率 =(产品销售收入－产品销售成本)÷产品销售收入×100%。该指标反映了企业生产销售产品的获利能力。如前所述,高的顾客满意度可以提高顾客的产品忠诚度,降低价格敏感性,从而提高产品的销售毛利率。

4. 企业总资产报酬率。其计算公式为:总资产报酬率 = 当年净利润÷[(年初总资产＋年末总资产)÷2]×100%。总资产报酬率可以表示为销售净利率与总资产周转率的乘积,可见它是销售利润率和总资产周转次数共同作用的结果。从前文可知,顾客满意度与产品销售收入和营业利润率正相关,扩大产品销售收入意味着总资产周转率的提高,因此可以预计顾客满意度和总资产报酬率之间存在正相关关系。

5. 净资产收益率[②]。其计算公式为:净资产收益率 = 当年净利润÷[(年初净资产＋

[①] 为了充分利用样本信息,样本数据中一部分上市公司的2009年分部产品销售收入和成本,是根据该公司以前年度的上半年即第三季度收入和成本占全年的百分比估算出来的。
[②] 部分样本缺失下列三个指标的2009年度数据:总资产报酬率、净资产收益率、扣除非经常损益的总资产报酬率。

年末净资产)÷2]×100%。与总资产报酬率不同,净资产收益率反映了股东的投资收益。尽管一个企业有着很多的利益相关者,但股东无疑是最直接、最重要的利益相关者,因此净资产收益率是反映企业财务业绩的重要指标。净资产收益率与总资产报酬率有关,也受到资本结构的影响。

6. 扣除非经常损益的总资产报酬率。其计算公式为:扣除非经常损益的总资产报酬率=(净利润-非经常损益)÷[(年初总资产+年末总资产)÷2]×100%。非经常性损益或者具有偶然性,或者是上市公司盈余管理行为的结果,不具有可持续性。因此与总资产报酬率相比,该指标能更好地反映企业的持续盈利能力。

三、产品竞争程度的衡量方法

在产业组织理论中,如何测度产品的市场竞争程度是一个难题,目前学术界还没有一个公认的指标可以准确反映产品竞争程度。常用的衡量市场竞争程度的指标包括结果性指标和绩效指标。其中,结构指标包括反映产业集中度的赫芬达尔指数(HHI)、行业内企业数目等,绩效指标通常使用利润率指标。

1. 赫芬达尔指数(HHI)。$HHI=\sum(X_i/X)^2$,其中,$X=\sum X_i$。X_i为企业i的销售额。该指标合理地反映了行业的市场集中程度,可以较好地反映行业的竞争情况。当行业可容纳的企业数目一定时,赫芬达尔指数越小,一个行业内相同规模的企业就越多,行业内企业之间的竞争就越激烈,企业行为的相互影响程度就越大。因此,在行业内企业数目一定的条件下,赫芬达尔指数越小,说明产品市场竞争程度越高。

2. 企业数目(CA)。企业数目可以作为市场竞争程度的一个近似的衡量指标。一般来说,一个行业内企业的数目越多,则该行业竞争就会越激烈;如果企业数目较少,如完全垄断或寡头垄断,则市场是缺乏竞争的。

3. 利润率。利润率指标可以在一定程度上反映出行业之间的相对竞争程度。显然,在垄断行业,由于垄断企业能够利用其定价权赚取较为丰厚的垄断利润,其利润率指标必然较高。而在激烈竞争的行业,企业只能作为价格的接受者,而且必须在新产品开发、产品促销方面支付大量的成本,因而其利润率必然不高。可以用来衡量行业竞争程度的利润率指标主要有主营业务利润率、营业利润率、净资产收益率、总资产收益率等。

根据本章的研究目的和样本特征,笔者选择"成本费用利润率"作为产品竞争程度的绩效指标。各产品细分行业的成本费用利润率数据来自"国泰安研究服务中心"开发的CSMAR数据库中的"中国工业行业统计数据库"。

四、主要变量描述性统计

该研究中设计的主要变量的描述性统计如表6-2所示。

表6-2 主要变量描述性统计表

	N	Mean	SD	Median	Min	Max
自变量						
Ccsi	295	75.24	4.72	75.70	58.40	85.00
Compet	295	−0.14	0.31	−0.07	−0.89	0.30
因变量						
Dnxssr	295	21.43	1.56	21.71	17.16	24.37
Salegr	295	0.14	0.29	0.14	−0.99	1.60
Xsmll	295	0.16	0.63	0.19	−8.24	0.92
ROA	285	0.04	0.11	0.04	−0.62	0.90
ROE	285	0.07	0.41	0.07	−4.91	2.98
ROAKC	236	0.01	0.10	0.02	−0.58	0.28
控制变量						
Snxssr	295	21.35	1.51	21.52	16.88	24.37
Fbzcgm	295	21.32	1.28	21.46	16.79	24.42
Pjzzc	295	22.13	1.12	22.03	18.71	24.52

第五节 结果分析与假设检验

一、顾客满意度与未来财务业绩之间相关关系的假设检验

对前文所述顾客满意度和财务业绩之间的相关关系，笔者提出了假设1、假设2、假设3，为了检验这三个假设，分别建立了相应的回归模型并利用样本数据进行结果分析。

假设1预计某种产品的顾客满意度与该产品的销售业绩存在正相关关系。由于因变量销售业绩包括销售收入和销售增长率，因此笔者分别对这两个因变量建立回归模型。

模型1-1a：$SALES_{ij}=b_0+b_1CCSI_{ij}+b_2SALES_{i-1}$

模型1-1b：$SALES=b_0+b_1CCSI+b_2FBZCGM$

两个模型均以顾客满意度指数$CCSI$为自变量，以各品牌产品的当年销售收入为

因变量。

模型1-1a中 i 代表各品牌产品，j 表示各年度。该模型以该产品的上年销售收入为控制变量。之所以选择上年销售收入作为控制变量，是因为上年销售收入在一定程度上体现了产品和企业已有的市场声誉、营销渠道与销售网络建设、销售队伍规模与能力、生产规模等状况，以及其他各种对销售额形成影响的固定投入。控制了上年销售基数对本年销售收入可能产生的影响，能够更好地显示顾客满意度与未来财务业绩的影响。

模型1-1b的控制变量为分部资产规模 $FBZCGM$，回归时取自然对数。其计算公式：分部资产规模 =（该产品当年销售成本÷企业所有产品销售总成本）×企业总资产平均余额。其中，企业总资产平均余额 =（年初总资产余额 + 年末总资产余额）÷2。$FBZCGM$ 实际上是根据多元化经营企业中各产品的销售成本比例来分配企业总资产，笔者认为与各产品销售收入比例相比，销售成本比例能够更恰当地反映每种产品的资产占用情况。

模型1-2：$SALEGR=b_0+b_1CCSI+b_2FBZCGM$

模型1-2的自变量为 $CCSI$，因变量 $SALEGR$ 为产品销售收入增长率，采用当年销售收入与上年相比的增长百分率。

模型1-1、模型1-2的回归结果如表6-3所示。本章进行统计回归使用的是STATA10.0统计软件。

表6-3　顾客满意度与产品销售业绩相关性的回归结果

模型	1-1a	1-1b	1-2
因变量	$SALES$	$SALES$	$SALEGR$
$Constant$	−0.6596 (−1.42)	−3.8816*** (−4.49)	−0.9790*** (−2.78)
$CCSI$	0.014492*** (2.69)	0.03679*** (4.13)	0.007482** (2.06)
$SALES_{i,j-1}$	0.9836*** (58.63)		
$FBZCGM$		1.0573*** (32.14)	0.02616* (1.95)
样本数	295	295	295
调整后 R-squared	0.9279	0.7984	0.0270
F-统计量	1891.95	578.27	5.08
P值	0.0000	0.0000	0.0336

样本回归结果表明，CCSI与产品销售收入在0.01显著性水平上正相关，与销售收

入增长率在0.05显著性水平上正相关,表明提高产品的顾客满意度确实能够显著地提高产品销售业绩。

假设2预计某种产品的顾客满意度与该产品的销售利润率存在正相关关系。为检验假设2,笔者建立回归模型2,该模型以CCSI为自变量,以产品销售毛利率为因变量,以产品分部资产规模为控制变量。样本回归结果如表6-4所示。

模型2:$XXMLL=b_0+b_1CCSI+b_2FBZCGM$

表6-4 顾客满意度与产品销售毛利率相关关系的回归结果

因变量	XXMLL
Constant	−0.1312
	(−0.17)
CCSI	0.01726**
	(2.19)
FBZCGM	−0.04705
	(−1.62)
样本数	295
调整后 R-squared	0.0141
F-统计量	3.10
P值	0.0465

从样本回归结果可知,CCSI与产品销售毛利率在0.05显著性水平上存在正相关关系,表明顾客满意度的提高能够显著地提高产品销售利润率。

假设3预计产品的顾客满意度与该产品生产企业的资产收益率之间存在显著的正相关关系。为检验该假设,笔者以CCSI为自变量,以资产收益率为因变量建立回归模型。本章使用三个反映资产收益率的指标,即总资产报酬率、净资产收益率和扣除非经常损益的总资产报酬率,分别作为因变量建立模型3-1、模型3-2、模型3-3。

模型3-1:$ROA=b_0+b_1CCSI+b_2PJZZC$

模型3-2:$ROE=b_0+b_1CCSI+b_2PJZZC$

模型3-3:$ROAKC=b_0+b_1CCSI+b_2PJZZC$

模型3-1、模型3-3中的控制变量为企业总资产平均余额,是年初总资产和年末总资产的平均值,模型3-2中的控制变量为企业净资产平均余额,为年初净资产和年末净资产的平均值。两个规模控制变量均使用自然对数值。三个模型的样本回归结果如表6-5所示。

表6-5 顾客满意度与资产收益率相关性的回归结果

模型	3-1	3-2	3-3
因变量	ROA	ROE	ROAKC
Constant	−0.5392*** (−3.69)	−1.1153** (−2.06)	−0.5762*** (−4.09)
CCSI	0.005032*** (3.81)	.009638* (1.90)	0.004518*** (3.52)
PJZZC	0.008944 (1.60)		0.01127*** 2.16
PJJZC		0.02131 (0.96)	
样本数	285	278	236
调整后 R-squared	0.0581	0.7984	0.0679
F-统计量	9.76	2.78	9.56
P值	0.0001	0.0638	0.0001

回归结果表明,CCSI与总资产报酬率、净资产收益率、扣除非经常损益的总资产报酬率分别在0.01、0.05、0.01显著性水平上存在正相关关系,表明所生产产品的顾客满意度较高的企业,其资产收益率也显著较高。从自变量和控制变量的系数的显著性程度可以看出,模型3具有更高的经济解释能力,扣除非经常损益的总资产报酬率能力更加客观反映企业盈利能力,以及顾客满意度的价值相关性和资产规模经济效应。

需要特别说明的是,本章研究中所有回归模型的自变量CCSI和因变量财务业绩使用同一期间的数据,而没有采用因变量为滞后一期财务业绩的回归模型。但笔者认为这并不影响模型的有效性和研究结果的说服力,因为每年的顾客满意度指数一般在当年的第一季度或稍后就由专业机构通过调查取得并发布出来,并且是顾客根据此前消费和使用某个品牌产品过程中的心理感受而给出的评分,本身就体现了以前期间的产品质量和性能水平,而财务业绩则是企业通过整个年度持续经营实现的结果。因此,顾客满意度和财务业绩之间存在前瞻性和滞后性的关系,回归结果的显著性可以充分说明提高顾客满意度对未来财务业绩的积极作用。

二、产品竞争程度对满意度和业绩关系的调节作用的假设检验

前文关于产品竞争程度对满意度和业绩关系的调节作用,笔者预计在产品竞争程度较高的行业里,顾客满意度和未来财务业绩之间具有更高的相关性,并提出了假设4、假设5和假设6。接下来本章将分别对这些假设建立回归模型并进行结果分析。

假设4预计竞争程度较高的产品的顾客满意度与产品销售业绩之间具有更高的相关性。与假设1相对应,笔者将分别以本年销售收入和销售收入增长率为因变量,以顾客满意度为自变量,以产品竞争程度为调节变量建立回归模型4-1、模型4-2。

模型4-1:$SALES_{ij}=b_0+b_1CCSI_{ij}+b_2CCSI_{ij}\times CPJZCD_{ij}+b_3CPJZCD_{ij}+b_4SALES_{i,j-1}$

模型4-2:$SALEGR=b_0+b_1CCSI+b_2CCSI\times CPJZCD+b_3CPJZCD+b_4FBZCGM$

需要说明的是,本章研究以产品生产企业所在行业的成本费用利润率衡量产品竞争程度,较高的成本费用利润率代表较低的产品竞争程度,反之亦然。考虑到这种反向关系理解起来不够直观,本章用成本费用利润率的倒数再乘以0.1计算竞争程度指标,这样的处理使得竞争程度变量数值与高低含义保持一致。

假设5预计竞争程度较高的产品的顾客满意度与产品销售利润率之间具有更高的相关性。为检验该假设,笔者以产品销售毛利率为因变量,以顾客满意度为自变量,以产品竞争程度为调节变量建立回归模型5。

模型5:$XSMLL=b_0+b_1CCSI+b_2CCSI\times CPJZCD+b_3CPJZCD+b_4FBZCGM$

假设6预计竞争程度较高的产品的顾客满意度与企业资产报酬率之间具有更高的相关性。为检验该假设,笔者分别以ROA、ROE、扣除非经常损益的ROA为因变量,以顾客满意度为自变量,以产品竞争程度为调节变量建立回归模型6-1、模型6-2、模型6-3。

模型6-1:$ROA=b_0+b_1CCSI+b_2CCSI\times CPJZCD+b_3CPJZCD+b_4PJZZC$

模型6-2:$ROA=b_0+b_1CCSI+b_2CCSI\times CPJZCD+b_3CPJZCD+b_4PJZZC$

模型6-3:$ROAKC=b_0+b_1CCSI+b_2CCSI\times CPJZCD+b_3CPJZCD+b_4PJZZC$

以上各模型中,$CCSI\times CPJZCD$为顾客满意度与产品竞争程度的交互变量,笔者根据该交互变量对财务业绩的回归系数来检验产品竞争程度在满意度—业绩关系中的调节作用,回归系数具有显著性则表示产品竞争程度在满意度—业绩关系起着显著的调节作用。模型4、模型5、模型6的回归结果如表6-6所示[①]。

表6-6 产品竞争程度对满意度——业绩关系的调节作用的回归结果

模型	4-1	4-2	5	6-1	6-2	6-3
因变量	SALES	SALEGR	XSMLL	ROA	ROE	ROAKC
Constant	-2.4461** (-2.40)	-1.404*** (-3.21)	0.4367 (1.13)	-0.4056** (-2.23)	-0.4365 (-1.45)	-0.1173 (-0.70)
CCSI	0.0402*** (3.03)	0.0184*** (3.24)	-0.00496 (-0.97)	0.00548** (2.58)	0.00661* (1.85)	0.00289 (1.51)

[①] 为了提高样本统计回归的稳健性,本章研究运用Winsorize对因变量异常的样本进行了处理。

续表

模型	4-1	4-2	5	6-1	6-2	6-3
CCSI×CPJZCD	−0.00923 (−0.98)	−0.00307 (0.129)	0.00339** (2.47)	0.00108 (1.20)	−0.00105 (−0.82)	0.00171* (1.83)
CPJZCD	0.7245** (2.04)	0.2465 (1.60)	−0.2957*** (−2.81)	−0.296*** (−2.81)	0.0696 (0.72)	0.03266 (0.61)
$SALES_{i,j-1}$	0.9729*** (51.56)					
FBZCGM		0.00522 (0.55)	0.01154 (1.26)			
PJZZC				0.01154 (1.26)		−0.00143 (−0.36)
PJJZC					0.00286 (0.42)	
样本数	266	266	266	266	266	236
调整后R^2	0.9216	0.0810	0.1343	0.1343	0.0367	0.0762
F-统计量	780.10	6.22	15.82	15.82	3.26	4.45
P值	0.0000	0.0001	0.0000	0.0000	0.0127	0.0018

以上模型的回归结果表明,CCSI×CPJZCD变量分别在0.05、0.1显著性水平与产品销售毛利率和扣除非经常损益的ROA存在正相关关系,说明在产品竞争程度较高的情况下,顾客满意度与企业未来财务业绩之间具有更强的正相关关系,即在竞争程度较高的行业中,企业提高顾客满意度会对财务业绩的提升产生更加显著的积极影响。此外,该研究的假设检验结果还表明,产品竞争程度对满意度—业绩关系的调节作用主要体现在提高了产品的销售毛利率而不是扩大了产品销售收入[①],即与竞争程度较低的行业相比,处于高竞争行业中的企业提高顾客满意度,能够更显著、更大幅度地提高销售价格和销售毛利率,从而显著提高企业的ROAKC。产品竞争程度在顾客满意度与ROA及ROE之间的关系不存在显著的调节效应,可能的原因是企业净利润容易包含了非经常损益和人为盈余管理因素,而ROAKC则在一定程度上排除了这种干扰。此外,因变量ROE的大小在很大程度上受到企业资本结构的影响。

---

① 即产品竞争程度没有在顾客满意度与销售收入、销售收入增长率的相关关系中发挥显著的调节作用。

第六节　研究结论与局限性

本章研究以2003—2009年度由专业调查机构公布了其产品的顾客满意度指数、并且在年度财务报告中详细披露了产品分部信息的上市公司为样本,检验企业的产品顾客满意度是否与企业财务业绩存在正相关关系,以及产品竞争程度是否对顾客满意度与财务业绩之间的关系起着调节作用。为此笔者提出了一系列假设并建立了相应的回归模型。样本统计分析表明,与大多数国外同类研究的结果一致,中国产品的顾客满意度与企业未来财务业绩之间同样存在着显著的正相关关系,产品顾客满意度较高的企业,其产品销售收入、销售收入增长率、产品销售毛利率、总资产报酬和净资产收益率也显著较高。此外,产品竞争程度确实在一定程度上对顾客满意度与财务业绩之间的关系产生了调节效应,产品竞争程度较高的企业,顾客满意度与产品销售毛利率和扣除非经常损益的总资产报酬率之间的相关性显著更高,即提高顾客满意度能在更大程度上改善企业的财务业绩。这些结论为企业实施顾客导向的经营战略提供了实证证据支持,可以帮助企业更好地理解提高顾客满意度对财务业绩改进的意义,以及不同的产品竞争程度对满意度—业绩间相关性的不同影响。

本章研究存在一定的局限性。第一,受到样本数据取得途径的限制,收集到的企业样本只涉及制造业中的11个细分行业,并且每个细分行业中符合要求的样本个数较少、样本企业为上市公司且大多为同业中的佼佼者,样本的涵盖范围和行业代表性相对不足,研究结论的有效性和普遍适用性受到影响;第二,由于每类产品只列出六个品牌的满意度指数且没有该指标的基准水平,本章研究使用顾客满意度的绝对值而不是标准化的相对值,可能会因为不同产品类别之间满意度指标的整体水平和分布差异而影响分析结果的解释力;第三,有些企业生产多种产品,相应地有多个产品顾客满意度指数,但在检验顾客满意度与企业资产收益率之间的相关关系时,多个满意度数值对应的是同一个因变量水平,降低了回归结果的合理性;第四,本章研究将同一品牌产品的不同年度样本作为独立样本,而没有按照面板数据来处理,也可能会影响数据统计分析结果。

第七章 多业务单元业绩评价中公司高管认知偏差研究
——平衡计分卡实验研究的证据

第一节 研究背景

卡普兰和诺顿于1992年提出的平衡计分卡(BSC),提倡财务指标与非财务指标的融合和多重业绩评价指标的使用,从财务、顾客、内部流程、学习与成长四个各有侧重又相互联系、互为因果的方面,全面、完整地评价企业的经营业绩,较好地克服了传统的基于财务指标的业绩评价体系的不足。同时,它将企业的经营使命和战略目标转化为一套分阶段的、明确的、可操作的业绩评价指标,有助于所有部门和员工更好地理解企业的战略目标和要求,为经营战略的有效执行和管理控制提供支持。因此,平衡计分卡不仅是一种全面的业绩评价体系,而且是一个有效的战略管理工具。平衡计分卡被《哈佛商业评论》评为20世纪最有影响力的管理概念之一,并被誉为"75年来最伟大的管理工具"。Ittner和Larcker(2001)认为平衡计分卡是过去一个世纪中管理会计的重大发展之一。平衡计分卡从创立以来,已经在越来越多的企业中得到了广泛应用。根据Gartner Group调查表明,到2000年为止,在《财富》杂志公布的世界前1000位公司中,有70%的公司采用了平衡计分卡系统。近年,平衡计分卡在中国越来越受到重视,被定位为战略执行和业绩管理的重要工具,一些企业率先应用平衡计分卡。

实行多元化经营的企业,通常授予各业务单元(事业部、子公司、分公司或战略业务单元)根据产品和市场特点制订经营战略和具体决策的自主权。这些业务单元经营不同的产品或服务,在不同的市场领域进行竞争,拥有不同的客户,面临不同的市场机会和威胁,因此需要在公司总体战略的框架内制订业务单元自己的经营战略。为此，除了制订公司层面的平衡计分卡，每个业务单元还必须开发出一套适合其独特情况、量身定做的平衡计分卡（卡普兰和诺顿，2001）。业务单元平衡计分卡的业绩指标分为财务、顾客、内部流程、学习与成长四个方面，每个方面包括4～7个单项指标。这些指标中有些是不同业务单元之间共用的，称为共性指标；而另一些则是某个业务单元所特有的，称为独特性指标，它们代表了各业务单元为获得成功必须做好的方面（卡普兰和诺顿，1996）。

但是近年的研究发现，多元化企业高级管理人员在运用单元平衡计分卡评价多个业务单元的业绩时，存在共性指标偏好（the common measures bias）的问题，即赋予不同单元之间的共性指标过高的权重，而忽视对独特性指标信息的使用。Lipe和Salterio（2000）开展实验研究发现，扮演高级管理者角色的MBA学生，在运用业务单元平衡计分卡评价业务单元业绩时，仅仅基于两个单元平衡计分卡的共性指标，而忽视对适用于不同单元的独特性指标的使用。由于平衡计分卡中的所有项目都是衡量战略业绩的极为重要的指标，而独特性指标更是反映了各业务单元战略的关键方面和特殊要求，过分依赖共性指标或只对独特性指标赋予很小的权重，不仅影响了业绩评价的全面性和客观公正性，而且阻碍了平衡计分卡的战略管理作用的发挥，从而大大削弱了平衡计分卡的应用价值（Banker等，2004；Roberts等，2004；Dilla和Steinbart，2005）。因为在事后的业绩评价中被忽视的独特性指标，不太可能在事前决策中得到关注，业务单位管理人员通常不会对他们认为不影响其报酬的因素给予足够的重视（Holmstrom和Milgrom，1991）。

由于共性指标偏好导致平衡计分卡不能有效发挥其业绩评价和战略管理的作用，违背了平衡计分卡设计的初衷，因此国内外不少学者在Lipe和Salterio（2000）研究的基础上，探索消除或缓解平衡计分卡共性指标偏好的有效措施[①]。笔者在深入分析和总结这些研究的理论依据、优点与不足的基础上，提出了两种减轻共性指标偏好的措施，即改进业务单元战略信息表述以增进评价者对战略目标和独特性指标的理解，以及运用分解评价方式并要求证明评价合理性，激发评价者的认知努力。本章设计了一个实验研究，以检验这两种措施是否确实能够增加评价者对独特性指标信息的使用。实验要求参与者扮演公司高管的角色，根据两个业务单元的平衡计分卡和战略信息评价其总体业绩并给出评分。实验处理两个业务单元的业绩，两者在平衡计分卡的每个方面，各项指标的业绩（优于目标百分比）总和相等，但因共性指标或独特性指标而不同。实验结果表明，Lipe和Salterio（2000）发现的共性指标偏好在中国管理人员中间同样存在，而无论是改进战略表述，还是

---

① 例如：Banker等（2004）、Libby和Webb（2004）、Roberts等（2004）、Dilla和Steinbart（2005）、刘俊勇（2005）、何晴（2006）。

改变业绩评价的方式与要求,以及两种措施的结合,都显著降低了评价者赋予共性指标和独特性指标的权重差异,有效减轻了认知偏差的程度。

本章研究至少在以下三个方面对相关文献做出了贡献。第一,本章研究提供中国背景证据证实,中国的企业管理人员在运用业务单元平衡计分卡评价业务单元经理的总体业绩时,同样存在着Lipe和Salterio(2000)发现的共性指标偏好现象;第二,本章提出了两种切实可行的、减轻共性指标偏好的措施并证明具有显著效果,这对于提高业绩评价质量、充分发挥平衡计分卡的优势,具有较强的实务和理论启示意义;第三,本章对前人关于解决共性指标偏好的文献进行了梳理和剖析,探究其优点与不足并提出了改进措施,拓展了该领域的理论研究。

本章余下部分的安排如下:第二节为文献综述与假设提出,第三节为实验设计,第四节为结果分析与假设检验,第五节为研究结论与局限性。

第二节 文献综述与假设提出

一、共性指标偏好:概念、成因与缓解措施

卡普兰和诺顿(1996b)认为平衡计分卡的一个重要优势是组织中的每个业务单元都有自己的专门定制的平衡计分卡。Banker等(2004)也指出,平衡计分卡应用的一个核心前提是企业中每个业务单元都应该开发出自己的平衡计分卡,使用反映其独特战略的业绩指标。业务单元平衡计分卡的指标体系分为财务、顾客、内部流程、学习与成长四个方面,每个方面包括4~7个业绩指标,其中有些指标是不同业务单元之间共用的,称为共性指标,而另一些则是某个业务单元所特有的,称为独特性指标。一般来说,每个方面的共性指标往往反映了公司整体战略目标和要求,或者不同业务单元的目标实现途径与绩效结果的共性方面,而独特性指标则是各业务单元差异化战略和目标,以及不同目标实现途径的体现(何晴,2006)。

但是,Slovic和MacPhillamy(1974)开展实验研究发现,参与者在判断和选择决策中使用共性指标和独特性指标的方式不同,对共性指标赋予显著更高的权重,即使提供结果反馈和金钱激励、提高信息质量也不能消除权重上的差别,他们将这种效应称为共性指标偏好(the common measures bias)。而Lipe和Salterio(2000)的实验证据表明高级管理者在运用业务单元平衡计分卡评价业务单元经理业绩时,同样存在着共性指标偏好现象,即仅仅依赖共性指标所包含的信息做出判断,而忽视对独特性指标的使用。

关于共性指标偏好的形成原因,研究者们分别从不同角度进行了探讨。笔者在这些研究的基础上,将这一认知偏差的产生原因归纳为以下几个方面:

1. 与独特性指标相比,共性指标的信息更加容易理解。业务单元平衡计分卡中的业绩评价指标,既有财务指标又有非财务指标,既有结果指标又有动因指标,既有产出指标又有过程与投入指标。不同业务单元之间的共性指标往往是财务指标、结果指标和产出指标,或者体现了公司总体战略的目标和要求,因而更为常用,也更加容易为公司高级管理者所理解。相比之下,某一特定单元平衡计分卡中的独特性指标往往是非财务指标、动因指标、过程与投入指标,是不同业务单元的战略特点和差别、不同战略目标实现途径、不同生产经营内容和管理重点的体现。要充分理解并在业绩评价中考虑这些指标的信息,就需要企业高管对各业务单元的战略特点、战略实施途径、生产经营内容和管理重点、业务单元战略实施对公司整体业绩的影响等方面具有较为充分的了解。在管理人员知识、经验、时间、精力和信息渠道等有限的情况下,往往不能达到充分理解和运用独特性指标的要求,从而在业绩评价时赋予独特性指标显著更低的权重,产生共性指标偏好问题。

2. 与独特性指标相比,共性指标的信息更加容易相互比较。Solvic 和 MacPillamy(1974)认为,共性指标所反映的信息之所以对评价者的判断和决策产生更大的影响,是因为共性指标更加容易相互比较以评价多个对象的业绩。具体来说,共性指标之间属性相同,可以直接衡量和比较优劣,而评价独特性指标的业绩则需要在不同指标属性之间进行权衡和比较,这在认知上具有更大的难度,需要评价者付出额外的认知努力。公司高管在时间与精力、知识与信息受到约束的情况下,往往会采取简化认知判断策略,主要依赖共性指标信息做出评价。

3. 业绩指标的信息质量也是共性指标偏好产生的重要原因。很多有关业绩评价的研究指出,管理人员在进行业绩评价时,倾向对他们认为可靠性较低的指标赋予较低的权重。Ittner 和 Larcker(2001)的调查研究表明,企业管理人员认识到财务指标与非财务指标对于业绩评价都是重要的,但他们对非财务指标的质量表示怀疑。Reck(2001)发现,任何传统财务报表指标之外的反映效率和效果的业绩指标,都被管理人员视为是不可靠的。可见,企业高管在做出业绩评价判断时之所以不使用独特性指标,很可能是因为他们认为与独特性指标相比,共性指标具有更高的信息质量。

由于平衡计分卡中的所有项目都被假设是衡量战略业绩的极为重要的指标(Lipe 和 Salterio 2000),而独特性指标更是反映了各部门战略的关键方面和特殊要求,过分依赖共性指标或者只对独特性指标赋予很小的权重,不仅降低了平衡计分卡业绩评价的质量,而且影响了其战略管理作用的发挥,从而削弱了平衡计分卡的潜在有用性。

鉴于共性指标偏好对平衡计分卡有用性的潜在威胁,近年国内外一些学者在分析其形成原因的基础上提出了减轻认知偏差的措施,并提供了实验研究证据。Robert等(2004)发现采用"先分解再汇总"的两步骤评价方式,即首先分别评价每个指标,然后用每个指标上预先规定的权重加权计算总体业绩评分,可以使评价者同时使用共性指标和独特性指标;Banker等(2004)的实验证据表明,当评价者被提供关于业务单元战略的详细信息时,他们更加依赖战略相关指标而非战略无关指标,从而减轻了共性指标偏好;Libby等(2004)证明降低共性指标偏好的两种方法,即要求管理者证明评价过程的合理性,以及提供第三方平衡计分卡指标信息质量保证报告,确实增加了业绩评价中对独特性指标的使用;Dilla和Steinbart(2005)提出,具有平衡计分卡设置经验和平衡计分卡结构知识的决策者,在做出业绩评价决策时同时注意共性和独特性指标,但更加重视前者;刘俊勇(2005)指出,拥有业务单元详细战略信息的评价者,对共性指标和独特性指标的权重赋值差异较小;何晴(2006)发现相比较个体决策方式,集体决策有助于决策者理解公司战略,但对降低共性指标偏好的作用并不显著;张禾等(2007)认为向评价者提供辅助的补充图表可以有效地降低共性指标偏好。

这些研究为消除或缓解共性指标偏好问题、提高业绩评价的有效性提供了有益的启示,但多数研究在某一方面如理论依据、应用效果、案例现实性或措施可行性上,存在一定程度的不足。Banker等(2004)把平衡计分卡指标按是否与战略相关进行划分,实际上是将严密的研究方法建立在错误的理论前提之上,因为平衡计分卡指标是对企业愿景、经营战略和目标的具体反映(卡普兰和诺顿1993、1996),并包括了企业所有重要领域的业绩驱动因素(Lipe和Salterio,2000),平衡计分卡指标体系中并不存在战略无关的指标;Robert等(2004)的业绩评价方法使用每个指标预先规定的权重,不可避免地带有研究人员的主观判断,研究结论的说服力受到影响;Libby等(2004)提出为了提高评价者对独特性指标信息的质量感知而提供平衡计分卡信息质量保证,这一措施由于实施成本较高而降低了可行性;与Banker等(2004)相似,刘俊勇(2005)的实验研究证实了附有战略地图的业务单元详细战略信息对改进业绩评价的作用,但在参与者可利用信息的处理上,对标杆组不提供任何业务单元战略信息,这种处理不太符合业绩评价的实务惯例;何晴(2006)提出的集体决策方法没有达到预期的效果;张禾等(2008)等发现提供辅助的补充图表资料可以有效地降低共性指标偏好,但没有具体阐明辅助图表的内容和提供方式,无法判断方法运用的合理性。

二、战略表述方式与业绩评价中独特性指标的使用

卡普兰和诺顿(2000)主张,将业绩评价指标与经营战略联系起来是必不可少的,不管

它们是所有业务单元共有的指标,还是个别单元特有的指标。Banker等(2001)认为,对高级管理人员来说,为了在对业务单元的业绩评价中体现战略联系,他们必须理解业务单元的战略目标;评价者可获得的战略信息的数量影响其对战略关联的理解,进而影响其对独特性指标的理解和业绩评价结果。他们的实验研究发现,当评价者拥有清晰而详细的业务单元战略信息时,他们会更多地从战略角度来利用评价指标所包含的信息,增加对独特性指标的依赖和使用,从而在一定程度上降低了共性指标偏好。

当前,平衡计分卡的实施包括采用"战略地图"形式对经营战略的图式表达和沟通。因此详细的业务单元战略描述,不仅包括其生命周期阶段、目标顾客、产品定位、实现盈利和成长的财务策略等基本信息,还应深入顾客、内部流程、学习与成长三个层面,具体阐述为改进这些方面业绩而采取的策略,并运用战略地图直观反映四个方面活动的管理重点,及其相互影响和因果联系。卡普兰和诺顿(2000)认为,战略地图强调了各种活动与业绩指标之间的联系。孙永玲(2003)认为,因果关系分析是平衡计分卡系统建立的基础,而战略地图使一个公司的高级管理人员能够清晰地勾勒出对企业战略设想中的因果关系。Oliva等(1987)认为,战略地图是理解经营战略的同时并存、多维度和相互联系性质的有效手段。认知研究提出,图解表述使个体识别数据之间的关系变得更为容易,在教学中将语言和图示结合起来对概念进行描述,能够产生更强的理解力(Glenberg和Langston 1992;KouriLipe、Salterioky和Wittrock 1987;Wittrock 1974)。以往研究表明,当叙述性信息附有图形描述时,个体可以更好地理解它们(Benbasat和Dexter 1986;Cohn和Cohn 1994)。

由此可以推断,相对于只提供业务单元基本信息的简略战略描述,详细的战略描述有助于提高评价者对各业务单元的战略目标、战略实现途径及其与业绩指标的联系,以及独特性指标的重要性的理解,从而在业绩评价时增加对独特性指标信息的利用,减轻共性指标偏好的程度。基于此,本章提出两个对应的假设:

假设1:当管理人员获得简略战略信息,他们在直接评价业务单元总体业绩时,赋予共性指标比独特性指标显著更高的权重。

假设2:当管理人员获得详细战略信息,与获得简略战略信息的管理人员相比,他们在直接评价业务单元总体业绩时,赋予共性指标和独特性指标的权重差异显著降低。

三、分解评价形式、评价合理性证明与认知努力激发

心理学早期研究(Slovic和MacPhillamy,1974)表明,面临比较性评价的决策者倾向基于两个客体共有的信息做出判断,而赋予每个客体的独特性信息低得多的权重。只有当客体被成对地评价时,共性信息的优势才能表现出来,如果每个客体被分别单独评价,则在两类指标上赋予的权重没有显著差异。尽管Lipe和Salterio(2000)的实验要求参与者

评价每个分部经理各自的业绩，与 Slovic 和 MacPhillamy（1974）的实验任务（即选择两个申请人中哪个将更成功）形成对比，但其实验材料向参与者同时提供了两份业务单元平衡计分卡，具备相互比较的基础，当参与者直接评价两个分部的总体业绩时，无意中会给予共性指标更多的关注。

根据 Slovic 和 MacPhillamy（1974）的增加认知努力原理、Kanfer 等（1989、1994）的认知、注意力资源配置观点，以及 Kennedy（1995）的偏差消除框架（debiasing framework），将一个复杂的评价决策分解为若干个较小的决策，然后依据预定的权重将他们汇总成一个总体评分，则决策者的总体评价中同时使用了共性和独特性指标的信息。因为分解决策可以鼓励决策者把注意力集中到每个维度上，并且因不必同时记住其他维度信息而降低了决策难度，促进他们付出更大的总努力并在每个指标上投入努力。该步骤将在一定程度上克服共性指标偏好，因为认知偏差正是对独特性指标的关注不足造成的。而在第二步骤，共性指标和独特性指标都通过预定权重反映在总体评价之中，因为决策者已经在每个维度上花费了信息处理成本。Roberts 等（2004）的实验研究正是沿着这一思路来设计的，评价者采取两步骤评价策略，即首先分别评价每个平衡计分卡指标的业绩，然后用预定的权重计算总体业绩得分。结果表明他们在评价业务单元总体业绩时反映了独特性指标的信息。但笔者认为该研究存在两方面不足，一是没有直接检验和比较采用不同评价方式的业绩评价结果差异；二是要求评价者对各项指标分别进行业绩评分而不必确定主观权重，其实前者有明确的评分标准为依据，执行起来相对容易并且发挥主观判断的空间较小，而后者则恰恰是本章的关注焦点和研究重点，在各项指标上赋予的权重反映了评价者对指标信息的理解和重要性程度的判断。基于此，本章的实验研究对 Roberts 等（2004）进行了改进，一半的参与者采用直接评价模式，即直接给出两个业务单元的总体业绩评分，另一半参与者采用分项评价模式，即分别确定每项指标的业绩得分和权重，以及每个大类指标的权重，然后加权汇总计算得到总体业绩评分。

Slovic 和 MacPhillamy（1974）认为，决策者未能利用独特性信息，是因为他们与共性信息相比评价起来更加困难。具体来说，共性信息往往直接而明确，而独特性信息则需要对不同属性之间的权衡加以评价。由于判断和执行这些权衡在认知上难度更大，因此个体为整合独特性信息必须付出额外的认知努力。Kennedy（1995）认为，缺乏足够的动机关注与判断相关的、但认知上难以处理的信息，可能会影响判断质量。Libby 等（2004）认为，由于 Lipe 和 Salterio（2000）的参与者在准备评价时，仅仅只有内在动机，例如出色完成任务的个人愿望，他们可能不够尽责而采用更为省力的方法，即比较两个分部在共性指标上的业绩。因此，偏差的来源可能是激发性的或与努力相关的。

Kurtz 等(2001)发现,在比较过程中付出更多努力的参与者,更能察觉两种类似情况之间的相似之处和联系。Zhang 和 Markman(2001)发现,任务参与(即动机)越强,对独特性信息的使用越多。Tetlock(1985)、Simonson 和 Staw(1992)和 Lerner 和 Tetlock(1999)指出,建立过程责任制度,即告诉个体在他们做出最终决策或判断之前必须证明决策过程的合理性,这是促使个体更加努力和全面地处理可用信息的一种方法。很多研究提供证据证明,过程责任制度具有努力诱发效应(如 Mero 和 Motowidlo,1995;Kennedy,1995;Tan 和 Kao,1999)。Libby 等(2004)的实验结果表明,当管理人员需要向上级证明业绩评价的合理性时,他们在业绩评价判断中增加了对独特性指标的使用。本章的研究借鉴了过程责任制度激发决策者认知努力的基本原理,但同时对 Libby 等(2004)关于过程问责的设计进行了适当的改进。Libby 等(2004)的实验案例要求评价者在提出关于分部经理业绩的最终评价之前,向上级证明其业绩评价过程的合理性,且证明的内容是与总体业绩的直接评价方式结合起来的;本章的实验案例则要求参与者扮演公司高管角色,采用分解评价方式得出分部经理业绩的总体评分,并告知在公司几天后召开的业绩评价审议会上,他们需要向全体公司高管和分部经理证明其业绩评价过程的合理性,其证明内容是与总体业绩的分解评价方式联系起来的。责任制度的改进方面包括评价者角色、采用的业绩评价方式、对谁负责、合理性证明的时机和内容,笔者认为这些改进有助于提高分解评价方式这一认知偏差缓解措施的现实可行性和使用效果。

基于以上分析过程,笔者可以预计当管理人员采用分解方式评价业务单元的总体业绩,并需要在事后证明评价过程的合理性时,分解决策的认知需求与责任制度带来的外在压力,能够激发管理人员付诸更大的认知努力理解和利用独特性指标的信息,从而消除或降低共性指标偏好。因此笔者提出以下假设:

假设3:获得简略战略信息的管理人员,当他们采用分解形式评价业务单元总体业绩,并需要事后证明评价合理性时,与直接评价总体业绩的管理人员相比,他们赋予共性指标和独特性指标的权重差异显著降低。

结合改进战略表述对增加独特性指标信息使用的作用,本章提出假设4。

假设4:获得详细战略信息的管理人员,当他们采用分解形式评价业绩单元总体业绩,并需要事后证明评价合理性时,与获得简略战略信息并直接评价总体业绩的管理人员相比,他们赋予共性指标和独特性指标的权重差异显著降低。

第三节　实验设计

一、实验任务

在该研究中,笔者基本上沿用Banker等(2004)的实验案例,同时考虑中文商业术语、研究目的等实际情况做了适当的修改。实验要求参与者首先阅读案例材料:江南春公司是一家大型的服饰零售集团企业,经营着8个独立的零售连锁店,每个连锁店都是独立的事业部,具有独特的商业形象和市场目标。公司对事业部实行分权管理,授予各事业部经理针对各自市场制定经营战略的自主权。公司最近实施了基于平衡计分卡的业绩评价体系,案例提供了两个最大事业部——靓丽连锁店和雅致连锁店的战略描述信息,以及各自的分部平衡计分卡,列示每项指标的业绩目标值、实际值和优于目标百分比。

每个分部平衡计分卡都设置4大类指标,每类包括4个单项指标,其中2个共性指标(common measures)、2个独特性指标(unique measures)(Lipe和Salterio 2000, Banker等2004)。所有指标的实际业绩均优于目标业绩,但优于目标百分比因共性指标或独特性指标而有所不同。表7-1是靓丽连锁店的平衡计分卡。

表7-1　靓丽连锁店平衡计分卡:2007年度目标值和实际值

业绩指标	目标值	实际值	优于目标百分比
财务方面:			
1.销售毛利率	60%	67.74%	12.90%
2.分店平均销售增长率	15%	15.66%	4.40%
3.存货周转率	6次	6.27次	4.50%
4.资产负债率	<20%	17.38%	13.10%
顾客方面:			
1.相对于竞争对手的优势价格	>7%	7.91%	13.00%
2.顾客满意度评分	80%	90.24%	12.80%
3.每平方米店面销售额	200000元	209100元	4.55%
4.分店平均信用卡顾客人数	8000人	8356人	4.45%
内部业务流程方面:			
1.品牌认可度评分	80%	83.52%	4.40%
2.平均每月商品缺货次数	<3次	2.87次	4.35%
3."神秘买家"考核评分	85%	96.22%	13.20%
4.处理顾客退货的时间	<4分钟	3.49分钟	12.75%
学习与成长方面:			
1.员工满意度评分	80%	90.28%	12.85%

续表

业绩指标	目标值	实际值	优于目标百分比
2.每个员工提出合理化建议平均次数	2.5次	2.61次	4.40%
3.分店计算机管理普及率	60%	67.83%	13.05%
4.每年培训品牌经理的小时数	80小时	83.64小时	4.55%

实验要求参与者扮演江南春公司副总裁的角色,根据两个事业部战略信息及其平衡计分卡反映的业绩,对两个事业部经理进行业绩评价,并给出总体业绩评分值。评分采用13分制,具体评分标准和分值含义如下:

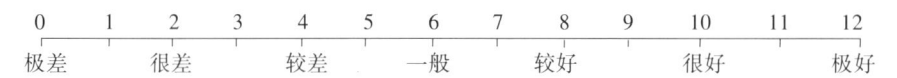

```
0    1    2    3    4    5    6    7    8    9    10   11   12
极差       很差        较差        一般        较好       很好        极好
```

0=极差:事业部绩效远远低于目标值,在未来期间不可能大幅度改进

2=很差:事业部绩效低于目标值较多,需要大幅度改进

4=较差:事业部绩效略低于目标值

6=一般:事业部绩效达到目标值

8=较好:事业部绩效略高于目标值

10=很好:事业部绩效高于目标值较多

12=极好:事业部绩效远远高于目标值,管理卓有成效

对两个分部经理进行业绩评分后,参与者还需在两位分部经理中推荐一位升任公司副总裁。最后,参与者提供个人信息,并回答关于业务单元战略理解、指标设计合理性、案例难度和现实性等问题。

二、实验设计

两个部门平衡计分卡中共性指标或独特性指标的优于目标百分比,要么靓丽商店更高,要么雅致商店更高,所以有四种可能的业绩对比组合情形:靓丽商店在两种指标上的业绩均超过雅致商店;靓丽商店的共性指标业绩超过雅致商店,但独特性指标业绩低于雅致商店;雅致商店的共性指标业绩超过靓丽商店,但独特性指标业绩低于靓丽商店;雅致商店在两种指标上的业绩都超过靓丽商店。Lipe和Salterio(2000)的实验针对4种情形相应地开发出四个不同的平衡计分卡版本,并将全部参与者随机分配到四个版本之中。

本章研究的实验设计不打算复制Lipe和Salterio(2000)的全部四个平衡计分卡版本,原因在于:1.在随后几年国内外已有多项研究复制了Lipe和Salterio(2000)的整个设计,如Banker等(2004)、Robert等(2004)、Dilla和Steinbart(2005)、刘俊勇(2005)、张禾等(2007)等,再次验证的意义不太大;2.在第一版本和第四版本中,一个部门在两种指标上的业绩都超过(或低于)另一个部门,得到显著更高(或更低)的业绩评分值是显而易见的(Lipe和

Salterio,2000),不足以解释共性指标偏好的判断效应;3.略去第一版本和第四版本可以保证有效使用实验参与者。鉴于上述因素,本章研究只检验第二和第三版本,即一个部门在共性指标上更优而另一个部门在独特性指标上更优的情形,因为只有这两种情形的业绩评分结果才能证明是否存在共性指标偏好问题(Libby等,2004)。

本章随机选取第二个版本,即靓丽商店的共性指标业绩超过雅致商店,但独特性指标低于雅致商店。与Lipe和Salterio(2000)一样,本章处理两个部门平衡计分卡中两种指标的业绩水平,绩优指标的优于目标百分比在12.75%和13.20%之间,绩低指标的优于目标百分比在4.30%和4.60%之间。尽管两个分部平衡计分卡在两种指标上的业绩存在差异,但他们在每大类四个指标上的优于目标百分比之和基本相等,在34.70%到34.90%之间,意味着两个分部具有基本相同的总体业绩。

本章的实验研究采用2×2×2设计,包括两个between-subjects因素和一个within-subjects因素。一个within-subjects因素是业务单元,即要求每个参与者评价两个业务单元的总体业绩。第一个between-subjects因素是业务单元战略描述,即向参与者提供简略或详细的战略信息。一半参与者得到简略的业务单元战略信息,包括其所处生命周期阶段、目标顾客、产品定位、实现盈利和成长的财务策略等基本信息。例如,简略的靓丽商店战略信息表述如下:"靓丽商店是一家专为追求时尚的职业女性服务的服装零售商。该店产生的强大现金流,用于扶植江南春公司中处于发展初期的事业部的成长。靓丽商店利用其现有的分店网络,进一步向其目标市场渗透,同时提高销售毛利和现金流量,为实现公司目标做出贡献。相应地,销售额增长来自服装新品种的引进(如商务休闲装),以及向具有潮流意识但时间有限的顾客提供优良的店内导购服务。"

案例向另一半参与者提供详细的业务单元战略信息,除了简略战略描述所提供的信息,还深入顾客、内部流程、学习与成长三个层面,具体阐述为改进这些方面业绩而采取的策略,并运用战略地图直观反映平衡计分卡四个方面活动的管理重点,及其相互影响和因果联系。例如,详细的靓丽商店战略信息描述如下:

靓丽商店是一家专为追求时尚的职业女性服务的服装零售商。该店产生的强大现金流,用于扶植江南春公司处于发展初期的事业部的成长。靓丽商店利用其现有的分店网络,进一步向其目标市场渗透,同时提高销售毛利和现金流量,为实现公司目标做出贡献。相应地,销售额增长来自服装新品种的引进(如商务休闲装),以及向具有潮流意识但时间有限的顾客提供优良的店内导购服务。在对价格不太敏感的目标市场内,靓丽商店依托其独特的品牌形象,推动新品服装销售额和毛利的增长。靓丽商店的目标是,使女士在一个就近而便利的商店,就能买到从衣饰到鞋子等所有需要的服饰。靓丽商店希望,通过开发品牌经理的技能使其有能力拓宽产品系列,以满足顾客"一站式购物"的需要,并通过提供更好的店内导购服务,与类目零售商和在线零售商进行竞争。靓丽商店扩张战略的中心是:创造"完美的店内购物体验",以吸引忙碌的职业女性光顾商店,而不是在线或电话订购。

下面的战略地图清晰地描绘了靓丽商店的经营战略及其实现路径,从平衡计分卡的四个层面展示了各类管理活动的控制重点,以及它们之间的相互影响和因果关系,有助于更好地理解该事业部经营战略,及其与业绩指标之间的内在联系。

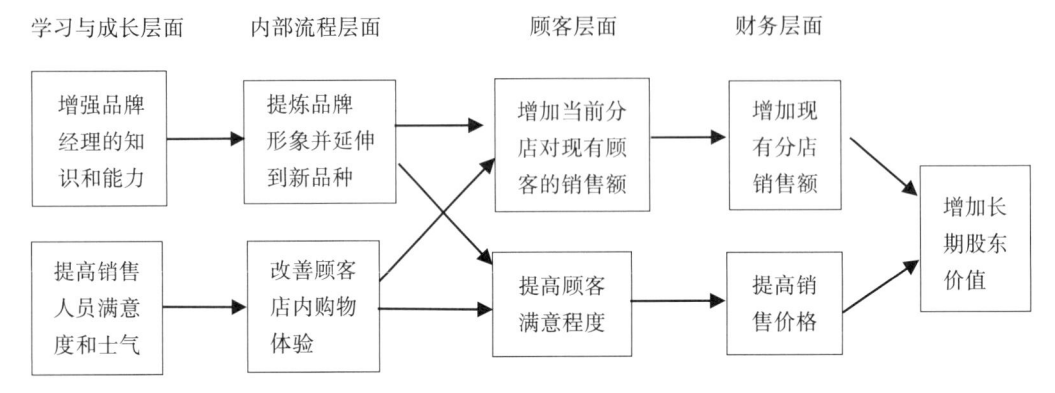

学习与成长层面　　内部流程层面　　顾客层面　　财务层面

```
增强品牌          提炼品牌        增加当前分      增加现
经理的知    →    形象并延伸  →  店对现有顾  → 有分店
识和能力          到新品种        客的销售额      销售额
                                                            →  增加长
提高销售          改善顾客        提高顾客        提高销        期股东
人员满意    →    店内购物    →  满意程度    → 售价格        价值
度和士气          体验
```

图7-1　靓丽商店战略地图

第二个between-subjects因素是参与者运用的业绩评价方式与要求,即直接评价业务单元总体业绩,或采用分解形式提出总体业绩评分,并有事后证明评价合理性的要求。一半参与者只需直接给出两个业务单元的总体业绩评分;而另一半参与者则被要求采用分解评价形式给出总体业绩评分,并需在事后证明业绩评价合理性。分解评价形式的具体要求如下:

请您填写两个事业部的业绩评价打分表,以详细反映综合业绩评分的计算步骤和得出过程。具体步骤如下:(1)对每个平衡计分卡指标依据优于目标百分比和评分标准,给出单项指标业绩评分值(精确到小数点后一位);(2)判断每类中各项指标的重要性并赋予相应的权重(4项合计100%);(3)对每类指标根据单项指标评分和权重,计算加权得分;(4)判断各类指标的重要性并分别赋予权重(4类合计100%);(5)根据各类指标的得分和权重,加权计算得到该事业部的综合业绩评分。

需要特别注意的是,公司将于近期召开业绩评价审议会,参加人员为首席执行官、全体副总裁、事业部经理及相关部门负责人。在会上,您需要就如何得出各事业部的总体业绩评分进行陈述,以证明评价过程的有效性和合理性,并对其他人员针对各评价环节,尤其是各项指标权重赋值的异常性(远远高于或低于25%)提出的质疑,做出令人信服的解释。因此,您在业绩评价时做到认真仔细、慎重周到、力求准确,是非常必要的。表7-2是靓丽商店的业绩评价打分表。

根据管理人员获取业务单元战略信息的不同详细程度,以及采用的不同业绩评价形式与严谨性要求,本章研究开发出四种处理情况的实验案例,并将全部参与者随机分配到四组情况之中:第一组参与者获得简略的战略信息,采用直接打分形式评价业务单元总体业绩(对照组);第二组参与者获得详细的战略信息,采用直接打分形式评价业务单元总体业绩;第三组参与者获得简略的战略信息,采用分解评价形式给出业务单元总体业绩评分;第四组参与者获得详细的战略信息,采用分解评价形式给出业务单元总体业绩评分。

表7-2 靓丽商店业绩评价打分表

业绩指标	超过目标百分比	单项指标评分	类内各指标权重	各类指标加权得分	各类指标权重	综合得分
财务层面:	无	无	100%			
1.销售毛利率	12.90%					
2.分店平均销售增长率	4.40%					
3.存货周转率	4.50%					
4.资产负债率	13.10%					
顾客层面:	无	无	100%			
1.相对于竞争对手优势价格	13.00%					
2.顾客满意度评分	12.80%					
3.每平方米店面销售额	4.55%					
4.分店平均信用卡顾客人数	4.45%					
内部流程层面:	无	无	100%			
1.品牌认可度评分	4.40%					
2.平均每月商品缺货次数	4.35%					
3."神秘买家"考核评分	13.20%					
4.处理顾客退货的时间	12.75%					
学习与成长层面:	无	无	100%			
1.员工满意度评分	12.90%					
2.每个员工合理化建议次数	4.40%					
3.分店计算机管理普及率	13.05%					
4.每年培训品牌经理小时数	4.35%					

三、因变量

每个参与者按照13分制度评价两个业务单元的总体业绩,由于两个分部平衡计分卡在各类指标上优于目标百分率之和基本相等,如果评价者赋予共性指标和独特性指标的权重基本相等,则两个业务单元的总体业绩评分也基本相等。当评价者存在共性指标偏好,即赋予共性指标相比独特性指标显著更高的权重,则他们对靓丽商店的总体业绩评分显著高于雅致商店。因此,本章研究使用参与者对两个业务单元的业绩评分差值作为因变量。笔者预计,通过改进战略表述帮助评价者更好理解业务单元战略,或要求评价者采用分解评价方式并证明评价合理性以激发其认知努力,可以促进他们增加对独特性指标信息的使用,显著降低赋予共性指标和独特性指标的权重差异,这种效果通过显著降低两个业务单元的业绩评分差值反映出来。由于靓丽商店在共性指标上的业绩高于雅致商店,而独特性指标业绩低于雅致商店,因此笔者可以预计业绩评分差值是正数。

四、实验参与者

实验参与者包括64名企业管理和市场营销方向MBA学生和67名大学三年级本科生。人口统计学信息表明,MBA参与者的平均年龄为29.28岁,其中56.5%为男性,43.5%为女性。他们拥有平均6.53年的全职工作经历,其中51.56%具有市场营销或销售工作经历,21.88%具有会计、审计或税收工作经历。53.13%的参与者的重点研究领域为市场营销或销售,18.5%的参与者的重点研究领域为会计、审计或税收。96.88%的参与者在过去12个月里去过服装零售店,26.56%的参与者有过在服装零售行业工作的经历;67名大学三年级本科生中会计学专业35人,财务管理专业32人,年龄在20~23岁之间,他们都学过管理会计课程并对平衡计分卡业绩评价有一定的了解。

实验在2个MBA班级和1个本科生班级的课堂上完成,笔者向学生强调这是一个很好的平衡计分卡业绩评价案例和实务训练机会,要求他们在40分钟左右的时间里认真完成业绩评价任务,作为课程平时成绩的重要依据,业绩评分值精确到1位小数点。笔者按顺序交替发放实验材料,以保证全体参与者被随机分配到四个版本之中。

第四节 结果分析与假设检验

一、操作性检验

本章理论观点的一个重要前提是改进战略表述,即提供更加详细和清晰的业务单元战略信息,能够帮助管理人员更好地理解业务单元战略和业绩指标信息,从而在业绩评价时赋予独特性指标更高的权重。为了检验这一前提,本章设计了8个描述两个业务单元战略的调查问题(见表7-3的A部分),要求参与者在完成业绩评分之后,对每个调查问题的赞同程度打分,打分采用11分制,从-5(非常不同意)到5(非常同意)。另外对8个问题的打分计算平均值,本章开发了一个战略理解清晰度指标,案例相关问题答案的均值与分析结果如表7-3所示。获得详细战略信息的参与者对其中5个问题,以及战略理解清晰度指标的打分均值显著高于获得简略战略信息的参与者的打分均值,表明改进战略表述的确显著增进了参与者对业务单元战略的理解。

表7-3 案例相关问题答案均值

案例相关问题	简略战略信息	详细战略信息	差异
A部分:战略理解清晰度			
1.靓丽商店的战略是凭借其现有组织结构扩大销售额,而不是投资开设新的分店	2.18	2.78	-0.60**
2.为扩大销售额,靓丽商店必须成功地向其现有顾客引进服装新品种	2.78	3.05	-0.27
3.靓丽商店通过满足顾客的"一站式购物"需要,并提供优良的店内导购服务,改善顾客店内购物体验	2.51	3.52	-1.01***
4.靓丽商店实现增长目标的途径是不断引进新款服装,引导已有顾客增加在当前商店的购买量	1.81	2.42	-0.62**
5.雅致商店的战略是通过增加新开分店实现成长目标	2.43	2.61	-0.18
6.雅致商店同时销售各种颜色和型号的男女、儿童服装,以便忙碌的父母们在一个地方就能买到全家的衣服	2.36	2.41	-0.05
7.雅致商店需要建立一支富有创造能力的营销队伍,因为其成长计划的实现必须依赖成功的广告战吸引新顾客	2.18	2.70	-0.52*
8.雅致商店通过强大的广告战、良好的店内氛围和布局、优质的服务,吸引更多的顾客光顾已有的连锁店和新开的连锁店,从而增加销售额和利润	2.27	2.84	-0.58**
战略理解清晰度均值	2.31	2.79	-0.48***
B部分:评价任务可理解性			
9.在该案例中,对业绩指标进行了有用的分类	2.24	2.66	-0.42*
10.在该案例中,强调了财务业绩指标的运用	1.94	2.28	-0.34
11靓丽商店和雅致商店这两个事业部使用了一些不同的业绩指标	1.64	1.77	-0.12
12.两个事业部使用了一些不同的业绩指标,这种做法是恰当的	2.70	3.33	-0.63**

续表

案例相关问题	简略战略信息	详细战略信息	差异
13.该案例容易被理解	1.64	1.76	−0.12
14.该案例做起来有难度	1.09	1.27	−0.18
15.该案例具有现实性	2.33	2.59	−0.27

最后,笔者还要求参与者按照11分制对评价任务可理解性相关问题的赞同程度打分(见表7-3的B部分)。统计分析结果表明,改进战略表述在一定程度上提高了参与者对案例设计的合理性和现实性的感受和认识。此外,不论以何种方式提供战略信息,参与者对每个调查问题的打分均值均在统计上显著大于0,说明实验材料保证了参与者对业务单元战略和评价任务可理解性,有较好的理解和认同。

二、假设检验

本章研究用于检验假设的因变量是两个业务单元之间的业绩评分差值。前文提出的假设意味着当参与者获得简略的业务单元战略信息并且要求直接给出总体业绩评分时,两个业务单元的平均业绩评分差值显著大于0,而改进业务单元的战略信息表述或改变业绩评价方式与要求,能够显著地降低业绩评分差值。实验结果表明MBA学生和本科生的因变量的变动趋势基本相同,所以把全部参与者放在一起进行分析。表7-4的Panel A表明,对照组的平均业绩评分差值为0.712,在0.01显著性水平上大于0(t值为5.83),说明参与者赋予共性指标的权重显著高于独特性指标,存在一定程度的共性指标偏好,支持了本章研究提出的第一个假设;第二、三、四组的评价业绩评分差值分别在0.05、0.01、0.01显著性水平上低于对照组(t值分别为2.08、4.64、5.27),表明单独或结合使用两种缓解共性指标偏好的措施,确实显著降低了参与者在两类指标上的权重差异,本章研究提出的后面三个假设均得到支持。尽管第三组的平均业绩评分差值仍在0.05显著性水平上大于0,但差值从绝对值来讲已相当小,统计上显著是由于两个分部的业绩评分方差较小引起的。

本章研究进一步运用业绩评分差值作为因变量,战略信息表述和业绩评价形式与要求作为自变量的方差分析(ANOVA)模型,检验本章提出的假设。表7-4中Panel B的方差分析结果表明,不论是战略信息表述因素,还是业绩评价方式因素,以及两种因素的交互作用,都在0.01显著性水平上降低了平均业绩评分差值,即显著增加了参与者在业绩评价时对独特性指标信息的使用,在相当程度上减轻了共性指标偏好。表7-4的Panel C采用图表直观地展示了两种降低偏差的措施及其交互作用对业绩评分差值的影响。

第五节　研究结论与局限性

本章研究参考Banker等(2004)设计了一个评价业务单元总体业绩的实验研究案例,两个业务单元平衡计分卡在每类4个指标上的优于目标百分比之和基本相同,但在共性指标和独特性指标上的业绩存在差异,以检验管理人员在业绩评价时是否存在共性指标偏好,以及本书提出的两种解决措施是否能够减轻这种认知偏差。64名企业管理和市场营销MBA学生和67名会计和财务管理本科生扮演公司高级管理人员角色,分别对两个业务单元进行总体业绩评分。该研究以两者的业绩评分差值作为两种业绩指标上的权重差异的替代,实验结果分析表明在评价者获得简略战略信息并直接评价总体业绩的情况下,赋予共性指标显著更高的权重,即存在共性指标偏好现象;而无论是改进战略表述,还是改变业绩评价方式,都显著降低了评价者在两种指标上权重赋值的差异,从而在一定程度上减轻了共性指标偏好,Lipe和Salterio(2000)的结论以及本章提出的假设得到了证据支持。

表7-4　平均业绩评分差值分析

Panel A 靓丽商店和雅致商店经理的业绩评分均值和差值		
	战略表述方式	
业绩评价方式	简略战略信息	详细战略信息
直接评价方式	靓丽　9.387(0.976) 雅致　8.675(0.921) 评分差值　0.712 t值、p值　t=5.83　p<0.01 n=35	靓丽　9.278(0.945) 雅致　8.939(0.958) 评分差值　0.339 t值、p值　t=2.58　p<0.05 n=32
分解评价方式	靓丽　8.466(0.609) 雅致　8.369(0.599) 评分差值　0.0967 t值、p值　t=2.59　p<0.05 n=32	靓丽　8.492(0.754) 雅致　8.464(0.745) 评分差值　0.0283 t值、p值　t=1.19　p>0.10 n=32

Panel B 战略表述方式和业绩评价方式对业绩评分差值影响的方差分析					
变量	SS	df	MS	F	P
战略表述方法	590.29	1	590.29	1582.82	0.0000
业绩评价方式	795.48	1	795.47	2133.01	0.0000
战略表述×评价方法	609.46	1	609.46	1634.22	0.0000
误差	47.36	127	0.373		

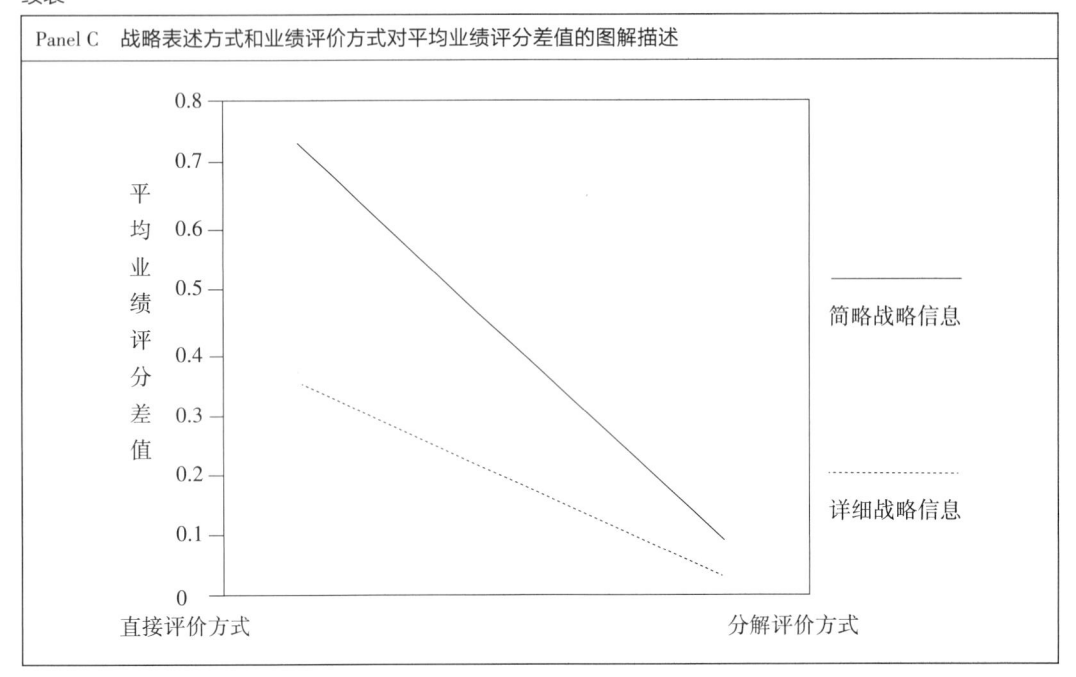

续表

Panel C　战略表述方式和业绩评价方式对平均业绩评分差值的图解描述

[图：平均业绩评分差值，横轴为直接评价方式与分解评价方式，纵轴0～0.8；简略战略信息（实线）从约0.73降至约0.10；详细战略信息（虚线）从约0.35降至约0.03]

本章的研究存在局限性。首先，实验参与者不完全具有服装零售业工作经验，以及设计或实施平衡计分卡的经验。然而，参与者关于案例相关问题的答案均值表明，他们对业务单元战略、业绩评价任务以及案例设计合理性，具有较好的理解与认同；其次，MBA通常被认为是具有实务经验的管理人员的良好替代，但本章研究的参与者只有接近一半是MBA学生，其余是没有工作经验的本科生。尽管如此，笔者认为这并不影响结论的有效性，因为一是他们所学专业是会计和财务管理，且正处于大学三年级第二学期，已学过企业管理和管理会计等课程并具有一定的业绩评价和平衡计分卡方面的知识，能够理解案例内容与要求、胜任评价工作。二是尽管工作经验有助于参与者提高业绩评价质量，但由于判断决策的难度不大，保持认真细致对于他们较好地理解案例和执行评价尤为关键。本章研究在发放实验材料前向他们强调了案例练习的意义和认真细致的要求，并采用记名方式将任务完成情况作为平时成绩的重要依据，这些做法应当有助于提高他们的热情和努力。三是通过分析MBA和本科生的实验结果和相关问题答案，笔者发现两者具有基本相同的数值与趋势，因此将他们合在一起进行结果分析；第三，本章将总体业绩的分解评价方式与证明评价合理性的要求结合在一起，作为减轻认知偏差的一种措施，从而无法分离和判断他们各自对增加对独特性指标信息利用的影响。但笔者认为将合理性证明要求与分解评价方式结合起来，不仅在实务运用上具有很好的可操作性，而且可以真正发挥其激发认知努力的作用。

主要参考文献

[1]财政部统计评价司.企业效绩评价问答[M].北京:经济科学出版社,1999.

[2]陈思维,王会金,王晓震,经济效益审计[M].北京:中国时代经济出版社,2002.

[3]冯丽霞.企业财务分析与业绩评价[M].长沙:湖南人民出版社,2002.

[4]何晴.通用性指标偏好及其实验研究——平衡计分卡在多部门企业中的应用.清华大学学报(哲学社会科学版),2006(S1).

[5]李敬.多元化战略[M].上海:复旦大学出版社,2002.

[6]李苹莉.经营者业绩评价——利益相关者模式[M].杭州:浙江人民出版社,2001.

[7]刘俊勇.战略地图在业绩评价中的有用性检验[C].第五届会计与财务问题国际研讨会——当代管理会计新发展,2005.

[8]马璐.企业战略性绩效评价系统研究[M].北京:经济管理出版社,2004.

[9]孟建民.企业经营业绩评估问题研究[M].北京:中国财政经济出版社,2002.

[10]汤谷良,王斌,杜菲,付阳.多元化企业集团管理控制体系的整合观——基于华润集团6S的案例分析[J].2009(02),53-60.

[11]王化成,刘俊勇,孙薇.企业业绩评价[M].北京:中国人民大学出版社,2004.

[12]杨立芳.民营企业顾客满意度与财务业绩的实证研究[M].财会通讯·综合(下),2009(06):133-135.

[13]银温泉.国外企业集团的内部组织结构[J].管理现代化,1995(04),59-62.

[14]张川,潘飞.国内外综合业绩评价体系的研究评述[J].当代财经,2008(04):121-123.

[15]张禾,魏靓,曹建安.平衡计分卡指标偏见研究——基于企业内部组织单元绩效评价[C].中国第七届实证会计国际研讨会,2008.

[16]张蕊.企业战略经营业绩评价指标体系研究[M].北京:中国财政经济出版社,2002.

[17]张兆国.高级财务管理[M].武汉:武汉大学出版社,2002.

[18]Banker, R., R. Mashruwala.The moderating role of competition in the relationship between nonfinancial measures and financial performance [J]. Contemporary Accounting Research, 2007(24): 763-793.

[19]Banker, R.D., Hsihui, C. Mina, J. P. The balanced scorecard: Judgmental effects of performance measures linked to strategy [J]. The Accounting Review, 2004(79): 1-23.

[20]Chandler, A. D., Strategy and Structure: Chapters in the History of the American Industrial Enterprise [M]. Cambridge, MA: MIT Press, 1962.

[21]Christopher D. Ittner, David F. Larcker. Innovation in Performance Measurement: Trends and Research Implications [J]. Journal of Management Accounting Research, 1998 (10), 205-238.

[22]Dilla, W. N., P. J. Steinbart. Relative weighting of common and unique balanced scorecard measures by knowledgeable decision makers [J]. Behavioral Research in Accounting, 2005(17): 43-54.

[23]Henri, J. F. Management control systems and strategy: a resource-based perspective [J]. Accounting, Organizations and Society, 2006(31): 529-558.

[24]Ittner, C. D., D. F. Larcker., T. Randall.Performance implications of strategic performance measures in financial services firms [J]. Accounting, Organizations and Society, 2003,28 (7/8): 715-741.

[25]Jensen, M. C., W. E. Meckling. Special and General Knowledge and Organizational Structure in Contract Economics [M], edited by L. Werin and H. Wijkander. Cambridge, UK: Blackwell, 1992.

[26]Kaplan, R. S., D. P. Norton.Using the balanced scorecard as a strategic management system [J]. Harvard Business Review, 1996a, 74 (1): 75-85.

[27]Kaplan, R. S., D. P. Norton. The Balanced Scorecard: Translating Strategy into Action [M]. Boston, MA: Harvard Business School Press, 1996b.

[28] Keaveney, S. Customers switching behavior in service industries: An exploratory study [J]. Journal of Marketing, 1995, 59(4): 71-82.

[29]Khandwalla, P.The effects of different types of competition on the use of management controls [J]. Journal of Accounting Research, 1972, 10(2):275-285.

[30]Libby, T., S. Salterio, A. Webb.The balanced scorecard: The effects of assurance

and process accountability on managerial judgment [J]. The Accounting Review, 2004, 79 (4): 1075-1094.

[31] Lipe, M. G., S. E. Salterio.The balanced scorecard: Judgmental effects of common and unique performance measures. The Accounting Review, 2000, 75 (3): 283 – 298.

[32] Lynch, R., K. Cross. Measure up! yardsticks for continuous improvement [M]. Cambridge, Mass: Basil Blacemell, 1991.

[33] Mark L. Frigo.Nonfinancial performance measures and strategy execution. Strategy Finance [J], 2002, 8(8): 6-9.

[34] Mark L. Frigo.Strategy, performance measures and strategy execution [J]. Strategy Finance, 2002, 84(8): 6-8.

[35] Miles, R.W., Snow, C.C.Organizational Strategy, Structure and Process [M]. McGraw Hill, New York, 1978.

[36] Oliva, T. A., D. L. Day, W. S. DeSarbo.Selecting competitive tactics: Try a strategy map [J]. Sloan Management Review, 1987(28): 5-15.

[37] Rees, W., C. Sutcliffe. Quantitative non-financial information and income measures: The case of long-term contracts [J]. Journal of Business Finance and Accounting, 1994 (4): 331-347.

[38] Roberts, M. L., T. L. Albright, A. R. Hibbets. Debiasing balanced scorecard evaluations [J]. Behavioral Research in Accounting, 2004(16): 75-88.

[39] Scott, T. W., P. Tiessen.Performance measurement and managerial teams [J]. Accounting, Organizations and Society, 1999, 24 (3): 263-286.

[40] Slovic, P., D. MacPhillamy. Dimensional commensurability and cue utilization in comparative judgment [J]. Organizational Behavior and Human Performance, 1974(11): 172-194.

附录 制造企业经营战略、业绩指标使用与业绩情况调查表

非常感谢您填写这份调查问卷！贵公司提供的信息将为我们研究竞争战略与业绩评价指标使用之间的关系，以及业绩指标使用对经营业绩的影响提供很大的帮助。我们希望这一研究成果能够为企业的业绩评价实践提供有益的启示。我们承诺信守商业秘密，贵公司所有的问卷信息只用于研究需要，绝不外泄。

请您为每个问题选择合适的答案，在括号里填上答案或在选项上打"√"。

1. 贵公司的主要业务属于制造行业中的哪个细分行业？（　　）

    A. 食品、饮料　　　　B. 纺织、服装、皮毛　　　C. 木材、家具　　　D. 造纸、印刷

    E. 石油、化学、塑胶、塑料　F. 电子　　　　G. 金属、非金属

    H. 机械、设备、仪表　　　I. 医疗、生物制品

2. 贵公司的员工人数为（　　）

    A. 0～100人　　　B. 100～250人　　　C. 250～500人　　　D. 500～1000人

    E. 1000～2000人　　　F. 2000～5000人　　　G. 5000人以上

3. 贵公司的总资产为（　　）

    A. 500万元以下　　　　B. 500万~2000万元　　　　C. 2000万~6000万元

    D. 6000万~2亿元　　　　E. 2亿~6亿元　　　　F. 6亿元以上

4. 请您指出贵公司所在行业的市场竞争激烈程度：（　　）

    （几乎没有竞争）1　2　3　4　5　6　7（竞争非常激烈）

5. 请您根据贵公司的实际战略定位，指出下列各策略对于公司取得竞争优势的重要程度。

经营策略	不重要					非常重要	打分
利用低价销售优势吸引消费者,扩大销售量和市场份额	1	2	3	4	5	6	
产品设计强调标准化、易于制造,不追求品种多样化	1	2	3	4	5	6	
扩大生产批量,实现规模效应	1	2	3	4	5	6	
提高原材料和设备使用效率,提高产品合格率和劳动生产率,最大限度地降低产品成本	1	2	3	4	5	6	
控制管理费用和售后服务、研发、广告、推销等费用	1	2	3	4	5	6	
追求产品多样化和订单个性化	1	2	3	4	5	6	
提供优质的售后服务和技术支持	1	2	3	4	5	6	
提供独特、新颖、高质量的产品,依靠优质优价扩大盈利	1	2	3	4	5	6	
加强新产品研究开发和技术创新	1	2	3	4	5	6	
加强广告宣传和营销渠道建设,树立品牌形象,着力开拓新市场,发展新顾客	1	2	3	4	5	6	

6. 请您为下列业绩评价指标选择一个合适的答案,反映贵公司对各项业绩指标的使用程度。

业绩评价指标	几乎不使用					经常使用	打分
销售业绩指标	1	2	3	4	5	6	
销售增长率指标	1	2	3	4	5	6	
产品盈利指标	1	2	3	4	5	6	
投资报酬率指标	1	2	3	4	5	6	
顾客满意度指标	1	2	3	4	5	6	
顾客增长指标	1	2	3	4	5	6	
市场业绩指标	1	2	3	4	5	6	
经营效率指标	1	2	3	4	5	6	
生产能力利用指标	1	2	3	4	5	6	
成本费用控制业绩指标	1	2	3	4	5	6	

续表

业绩评价指标	几乎不使用————————————————▶经常使用						打分
售后服务质量指标	1	2	3	4	5	6	
新产品研发指标	1	2	3	4	5	6	
产品性能和质量独特性指标	1	2	3	4	5	6	
柔性制造指标	1	2	3	4	5	6	
员工素质指标	1	2	3	4	5	6	
员工培训开发指标	1	2	3	4	5	6	
员工成长指标	1	2	3	4	5	6	
信息系统与组织程序指标	1	2	3	4	5	6	

表中各项业绩指标含义:(1)销售业绩指标,包括销售量和销售额;(2)销售增长率指标,包括销售量增长率和销售额增长率;(3)产品盈利指标,包括销售毛利率和营业利润率;(4)投资报酬率指标,包括总资产报酬率、净资产收益率、经济增加值(EVA)、调整的经济增加值(REVA)、每股盈余、资本保持增值率等;(5)顾客满意度指标,包括顾客满意度指数、原有顾客保持率、顾客抱怨次数等;(6)顾客增长指标,包括顾客增长率、新顾客获得率、销售总额中来自新顾客的比率、市场份额增长率等;(7)市场业绩指标,包括市场占有率、顾客获利率;(8)经营效率指标,如产品合格率、劳动生产率、生产批量、产品按时交货率、存货周转率等;(9)生产能力利用指标,包括材料利用率、设备有效利用率、空间利用率等;(10)成本费用控制业绩指标,包括原材料购买价格、单位产品成本、单位产品材料耗用、成本降低率、管理费用或销售费用占销售额百分比;(11)售后服务质量指标,包括售后服务响应时间、售后服务一次性成功比率、产品故障排除及时率、顾客付款的时间、用于售后服务的人力和物力成本等;(12)新产品研发指标,包括投入研发的新产品数量、研发费用占销售收入百分比、研发费用增长率,以及开发成功推向市场的新产品数、新产品开发周期、销售收入中来自新产品的百分比、新产品开发成功率、获得的专利数等;(13)产品性能和质量独特性指标;(14)柔性制造指标,包括产品品种数、产品生产周期、设备调整时间等、个性化订单比率等;(15)员工素质指标,包括高学历员工比例、高职称员工比例、员工从业经验等;(16)员工培训开发指标,包括培训总经费占年销售收入的比例、年人均培训时间,年人均培训次数、员工培训参加率、员工人均培训经费等;(17)员工成长指标,包括员工满意度、员工流动率、关键员工保持率、某技能等级员工增加率、多技能员工比比、员工提出合理化建议的数量、被采纳建议的比例,以及人均生产率、人均销售收入、人均利润等;(18)信息系统与组织程序指标。包括传递和反馈需要的时间、信息覆盖率、信息传递

成本、员工拥有电脑的比例、信息化管理普及率,以及员工岗位轮换比例、员工授权程度、知识管理水平、员工激励计划等。

7. 请您为下列各项财务业绩指标选择一个合适的答案,反映与所在行业的平均水平相比,贵公司在各项财务指标上的业绩水平。

财务业绩指标	大大低于行业平均水平———————————→大大高于行业平均水平						打 分
销售利润率	1	2	3	4	5	6	
销售增长率	1	2	3	4	5	6	
投资报酬率	1	2	3	4	5	6	

各项财务指标的含义:(1)销售利润率,反映销售毛利率和营业利润率水平;(2)销售增长率,反映销售量增长率和销售额增长率水平;(3)投资报酬率,概括反映总资产报酬率、净资产收益率、经济增加值(EVA)、调整的经济增加值(REVA)、每股盈余、资本保值增值率等指标的业绩水平。

8. 其他相关信息

1. 贵公司全称:＿＿＿＿＿＿＿＿＿＿＿＿＿＿＿＿＿＿＿＿＿＿＿＿＿＿＿＿＿
2. 贵公司地址:＿＿＿＿＿＿＿＿＿＿＿＿省(直辖市)＿＿＿＿＿＿＿＿＿＿市
3. 问卷填写人员的职务为(　　)

A. 总经理或副经理　　　B. 财务部门负责人　　　C. 一般会计人员

D. 一般管理人员　　　　E. 其他人员